Me declaro humano

Reflexiones psicoterapéuticas
con un toque poético

Lizbeth González Sámano

Copyright © 2022 Lizbeth González Sámano
Editado por Raúl Medrano Lizárraga
Todos los derechos reservados.

Ninguna parte de este libro podrá ser reproducida en cualquier forma o por cualquier medio sin la autorización previa por escrito de la editora, excepto por los fragmentos breves citados en reseñas y críticas literarias.

Los puntos de vista y opiniones expresados en este libro pertenecen al autor y no reflejan necesariamente las políticas o la posición de Hola Publishing Internacional. Cualquier contenido proporcionado por nuestros autores es de su opinión y no tiene la intención de difamar a ninguna religión, grupo étnico, club, organización, empresa, individuo o persona.

ISBN: 978-1-63765-274-9

Hola Publishing Internacional
www.holapublishing.com

Impreso y encuadernado en los Estados Unidos de América

Agradecimientos

A Dios, por la vocación y los dones.

A mi mamá, de quien heredé la intuición que guío esta inspiración.

A mi padre, de quien obtuve la fuerza y perseverancia para concluir esta obra, a pesar de todos los obstáculos.

A los grandes maestros que me han enseñado con generosidad y profundidad.

A todas las personas que en diferentes ámbitos han confiado en mí y a las que me han inspirado para escribir cada parte de estas reflexiones.

Por todas las señales que me trajeron a este lugar.

Índice

Introducción	15

Superando Obstáculos — 19

Introducción	21
¿Miedo a morir o miedo a vivir?	23
Soltar y esperar	26
Vuelvo a creer	28
Tomo el lugar en la vida que me corresponde	30
Me aferro a mis sueños	32
Volver a creer en milagros	34
La cumbre más alta	36
Huele a éxito	38
La estrella dorada	40
Ayer dudé	41
Dejo de posponer mi proyecto	43
Cantan los laureles	44
El faro no falla	46

Transformando mi ser — 48

Introducción — 49

Del miedo a la fe — 50

Me visto de jacaranda — 52

Eres mi maestro, eres mi maestra — 54

Desperté — 56

Hoy me pongo el sombrero violeta — 58

Volví a respirar — 60

Trascender — 62

Se abren las puertas — 64

Dejo de ser invisible — 65

Cambié de piel — 67

¿Qué quiere surgir en mí? — 69

¿Cuántas veces hay que renacer como el ave fénix? — 71

¿Eres un cisne blanco o un cisne negro? — 73

Emprendiendo — 75

Introducción — 76

Me subo al barco — 78

Me fui por el camino menos transitado — 79

El camino más difícil — 80

Emprender	82
Emprendiendo	84
Comprométete contigo mismo, contigo misma	86
Sí puedes	88
Ábrete y atrévete a la grandeza	89
¡Por favor, no te detengas!	91
Compré un boleto	93
Sigo las señales	95
Prefiero equivocarme a no vivir	97
¿Qué tan lejos estás?	99
Encuentra tu forma de llegar	101
Apuesta por ti mismo, por ti misma	103
La flor silvestre	105
Encontrando ideas creativas con los seis sombreros	107

Reconexión con los Padres — 110

Introducción	111
Renuncio a la dulzura de mamá	113
Se fue papá	115
Me miraste	117
Nunca hay vacío	119

Allá está mamá	121
Tomaste más de mí	122
Hijo, hija, te di de más…	123
No me puedo levantar	125
El narcisista y yo	128
Me dolió hasta los huesos	131
El alma que no podía nacer	132

Saliendo de los Patrones con Amor — 134

Introducción	135
Te devuelvo tus creencias	137
Honrando las pérdidas	138
Atrapado en una historia	142
Cargué con tu tristeza	144
Me miré al espejo y no vi nada	146
A las viudas de guerra	149
A los huérfanos e hijos de huérfanos	151
El reto de ser un león en un mundo de ovejas	153
Hoy te abrazo con el alma	155
Te devuelvo la etiqueta	157
Rosa, la delfina valiente	159

Sal de la cueva 160

El Amor de Pareja — 162

Introducción 163
Me subí a tu carro 165
La musa perdió la inspiración 166
No pudiste dar el paso 167
Deja que el amor te sorprenda 168
Mereces un buen amor 170
Por favor… no me idealices 172
Te quedaste 174
Miraste más allá 175

Compasión — 176

Introducción 177
Me puedo equivocar 179
No te pudiste salvar 181
La compasión es el regalo más grande del amor 183
Tocó mi alma 185
Te quitaste la vida 187
Me agradeciste 189

De la rigidez a la compasión por uno mismo	190
Ser espléndido como forma de vida	192

Me declaro humano — *194*

Introducción	195
Eres perfecto, eres perfecta	197
Me reconcilio con mi historia	199
El dolor callado	201
Abusaron de ti	203
Se cae la máscara	205
Sigo siendo el loco	207
Me declaro humano	209

Abrazo la Justicia — *210*

Introducción	211
La brecha de la reconciliación	212
La guerra somos todos	214
Elegiste la mejor parte	216
México, no renueves tu esperanza	218
La justicia empieza en la familia	220
Tuve que sacar la espada	223

Las leyes enferman	225
¿Eres congruente contigo mismo, contigo misma?	227
Resiste como la flor de loto	230
Por fin soy mi prioridad	231

Introducción

Esta obra busca llenar y sanar en medio de un mundo con exigencias. La curación es con empatía, autorreconocimiento y amor propio ante lo que hayas vivido y no haya sanado y ante aquello que todavía te duele, asusta o genera culpa.

Somos humanos y podemos experimentar emociones que nos liberan o nos hunden, la cuestión es mirar, afrontar y sanar para poder caminar el viaje de la oportunidad y de la libertad.

Muchas historias tienen que ver con mi vida y otras tantas con un sutil intento de describir las emociones de las personas que me he encontrado en mi camino como psicóloga en diferentes circunstancias. Todas las reflexiones psicoterapéuticas buscan una solución desde la filosofía de diferentes autores con diferentes enfoques, como el de Carl Jung, Erik Erikson, Bert Hellinger, Ingala Robl, Chopra, Paulo Coelho, Anthony Robbins, entre otros.

Las diferentes formas de expresión del ser humano surgen, muchas veces, del dolor y experiencias de vida que nos dejan huella, sin embargo, depende de nosotros ir más allá del lamento a una solución, a un aprendizaje, a una propuesta de transcendencia.

Trascendencia, una palabra que miré desde joven como una forma de salir de situaciones y dejar nuevas formas de estar, ser y amar, nuevas formas más sanas y con la diferencia de la renovación. Esa ha sido una de mis misiones en la vida; la abracé y trabajo con toda mi alma para que las historias de los seres humanos cada día sean mejores y enriquecedoras.

Cada pensamiento contiene una analogía de solución, ya sea en un poema, cuento o reflexión terapéutica. Cada uno contiene sus frases que necesitan escuchar, reparaciones de momentos y circunstancias.

Es ponerle voz a eventos y situaciones de la vida que necesito expresar para resolver, sanar y evolucionar. La mayoría tienen solución, proyección y empatía de lo vivido, de lo sentido.

Es poner situaciones en palabras y metáforas que se requieren expresar para mirar, liberar y trascender las historias.

No escribo yo, escribe el amor que hay en las historias, que ayuda a otros a descifrarse a sí mismos, a entender que hay detrás de los sucesos y cómo responderlos. Da respuestas y formas de resolución entre líneas que permiten expresar el dolor de las historias presentes, pasadas y, si no se atienden, futuras. Es una sanación que no evade el dolor, sino que lo mira de frente y lo transforma en experiencia, amor y donación. Es vibrar la humanidad hasta la última célula del cuerpo, con toda la inspiración, y aceptar la vida como algo que vale la pena, con todo lo bueno y todo lo malo, para lograr los equilibrios perfectos y personales que nos llevan a forjar el carácter y lograr el desarrollo del potencial humano.

Esta obra toca los principales temas de las heridas personales y transgeneracionales que no han sido trabajados y que impiden la evolución.

¿Qué patrones del pasado, como el alcoholismo de los padres, la pobreza, las mujeres no valoradas, las guerras, la violencia, no se han resulto? ¿Cuáles patrones seguimos repitiendo que impiden que avancemos a vidas y sociedades más plenas?

Superando Obstáculos

Introducción

Acepto que merezco lo grande que me pasa, firmo con el alma que me pertenece y lo conservo pase lo que pase.

Y volví a soltar el cansancio de la suma de muchos días de continuo insistir, recibiendo una fuerza que sólo regala el resistir.

La vida siempre tiene pruebas en el camino, pruebas a superar que hacen sentir que nunca serán superados, resueltas. El camino muchas veces es pesado e interminable, como el desierto y la noche obscura, esa que llaman del alma.

Muchas veces nos preguntamos por qué algunas personas tienen más que otras, y en ocasiones nos preguntamos si es una forma de vida. ¿Qué se llevan los obstáculos? Quizás la propia alma, la fe, la esperanza. ¿Qué nos dejan los retos? ¿Qué nos deja el constante luchar? Quizás fuerza desmedida y algo de rigidez, y "volví a soltar el cansancio de la suma de muchos días de continuo insistir, recibiendo una fuerza que sólo regala el resistir".

Todo lo que impide avanzar se puede resolver si se trabaja con los orígenes históricos de cualquier dificultad, la historia familiar desde los ancestros. ¿En dónde se cortó el amor? ¿Cómo un acto que por sí solo se consideraría malo puede derivar de una intención positiva? Lo anterior como una solución del pasado que, para el presente, ya no funciona.

Sumergirse en lo más profundo del alma hasta estar dispuesto a darlo todo a cambio de nada. Gritar a la vida con toda la fuerza que todavía es tiempo de lograr los sueños. ¡Todavía hay esperanza!

Revelación de ese horizonte que te hace sabio al andar y un día dejas de esperar, de anhelar, pues el milagro surge después de tanto implorar, de tanto esperar, de tanto amar.

¿Miedo a morir o miedo a vivir?

Hoy enfrentamos un espejo colectivo en donde la confrontación nos lleva a mirar a la muerte de frente y, por consiguiente, mirar a la cara a nuestra propia vida.

La vida hoy nos pone un examen y nos orilla a ver qué hemos hecho bien y que hemos hecho mal.

¿Qué me duele mirar más, mi posible muerte o mirar lo que he hecho de mi existencia? Como diría Viktor Frankl, ¿cuáles son mis motivos para seguir viviendo? ¿Qué le da sentido a mi existencia? ¿Cuál es el significado y propósito de mi vida?

¿Si mi futura muerte hoy me hablara... qué me diría? ¿Qué expresaría sobre lo que me ha faltado por lograr? ¿Cuáles han sido mis prioridades hasta hoy? ¿Qué requiero cambiar? ¿Qué he hecho bien? ¿He arriesgado lo suficiente? ¿Valoro lo que tengo...?

¿He aprovechado mis dones? La muerte y la vida pueden ser nuestras maestras, nuestras amigas, si las tomamos como consejeras. La batalla entre la vida y la muerte consiste en aceptar la sabiduría de ambas.

De las dos podemos aprender y hoy las circunstancias nos gritan que tenemos mucho que resolver, mucho que ajustar, mucho que equilibrar y mucho que mirar.

¿Me quedan motivos para seguir adelante? ¿Pesa más lo que tengo en la vida o pesa más lo que tengo en la muerte? ¿En dónde está mi alma? ¿En dónde está mi corazón?

Siempre he creído que existe un ser superior y un destino... sin embargo, estoy convencida de que hay que ayudarle para que las cosas sucedan, es ahí donde radica el libre albedrío, la propia programación, la autodeterminación.

Si descubro que tengo más miedo a vivir es momento de pedir ayuda, de profundizar, de sanar y trabajar para encontrar nuevas fuerzas, nuevas esperanzas, nuevos propósitos.

Si estás mirando más la muerte te invito a mirar más la vida... y creer que todavía hay opciones para ti.

Una de las dinámicas ocultas para algunas enfermedades es el miedo. Requerimos alimentar más a la esperanza y resolver lo pendiente para aumentar nuestra esperanza en la vida. Hay una frase coloquial que dice que la esperanza muere al último.

Hoy miro de frente a mi muerte y a mi vida como son y como deseo que sean; decido hacer lo mejor con estos dos regalos... Doy la vuelta de regreso, dejo a mi muerte como sabia consejera y decido transitar por la vida.

Hoy le pregunto a la vida: ¿qué tienes para mí? ¿Qué podemos construir? ¿Cómo podemos hacerlo mejor? ¿Cómo agradeceré este regalo?

Deseo que en tu confrontación actual encuentres más acá que allá, y segura estoy de que comprendes a dónde te quiere llevar este mensaje.

Soltar y esperar

Y volví a soltar la culpa... como si una sola muestra de empatía ante mis errores me sanara.

Y volví a soltar la tristeza... no con una lágrima, con dos. Todas las que no lloré por todo aquello que pierdo y que perdí.

Y volví a soltar el control... aceptando que sí pasan cosas, que mi ayer es hoy y mi hoy es ayer.

Y volví a soltar el enojo, ese que se queda guardado en todo el cuerpo, el que te impide descansar; lo atravieso y elijo con sabio coraje expresar todo aquello que ha dolido y todo aquello que ha sido injusto.

Y volví a soltar la ambivalencia, esa que te paraliza y no te permite avanzar. Decido decidir, pues mejor que paralizarse es continuar y permitir que pase lo que tenga que pasar.

Y volví a soltar la desconfianza, recogida en la añoranza del primer adiós, ese que no sana el tiempo, sólo el buen amor.

Y volví a soltar el cansancio por tanto caminar, por buscar sin encontrar, y me abrí al flujo natural de la vida que sabe a dónde habré de llegar.

Y volví a soltar el miedo... con la esperanza de un tiempo mejor, en donde lo que se fue se olvide y lo que llegue se quede.

Vuelvo a creer

Cuando la prueba te atormenta y se ha llevado
mucho es momento de sentarse y respirar.
¿Cómo recuperarlo? ¿Cómo recuperarme?

El miedo se aparece recordando lo que pasó o
lo que puede pasar.

Cuando sientes que el miedo es más grande
que tu alma es momento de mirar y
es momento de volver a empezar... con lo que
queda de ti o con lo poco que obtuviste
de lo que sembraste.

Sé que estás cansado de esperar, de no llegar,
de no encontrar, de no consolidar, entonces
puedes volverte un experto en el buscar, en
perseverar, en construir,
en caminar hasta encontrar.

Tus células te gritan que todavía hay mucho
que lograr, mucho por lo que vivir,
mucho que amar.

Tu alma te acompaña, aun sino la puedes
ver, escuchar o sentir, sabiendo que algo
más grande dentro de ti sembró la esperanza
que hoy, como estrella de fe, puede resurgir.

La luz en la obscuridad se asoma, como esa vela
que has puesto como última señal de que algo
en ti queda después de este batallar.

Y después de tanto dudar, algo fuerte en ti
despierta la capacidad de volver a creer,
de volver a confiar…
aun en este espejismo de la vida,
que enseñanzas a todos siempre nos da.

Tomo el lugar en la vida que me corresponde

Hoy tomo mi buen lugar en todas y cada una
de las áreas de la vida, aceptando
que las cosas buenas son para mí.

Aprendo a sentirme digno
de ocupar mi buen lugar,
el lugar en donde mis dones
se expresan y se manifiestan.

Puedo sentirme bien
cuando algo bueno me ocurre,
reconociendo que lo bueno a mí
me corresponde.

Acepto que merezco lo grande que me pasa,
firmo con el alma que me pertenece
y lo conservo pase lo que pase.

Miro que soy una persona creativa con valor,
tomo con honor los lugares que con trabajo logro
y los que, por vocación, la vida me va asignando.

Hoy me reconozco preparado
para hacer frente a mi destino y
para los distintos sitios en los que participo.

Superando Obstáculos

Puedo conservar lo bueno que me pasa,
hasta donde la paz interna me impulse
a alcanzar lo que mi misión me marca.

Dejo la duda y confío en la certeza de que soy
digno de la realización que hoy me ocupa,
con la fuerza que en mi corazón habita.

Integro mi capacidad innovadora como
extensión de la vida misma; la tomo, la poseo,
la disfruto y confío en que pueda ocuparla
como parte del propio proceso de evolución.

Estoy en los lugares en que mis dones, capacidades
y esfuerzos me han colocado; lo tomo, lo conservo.

Me aferro a mis sueños

Me aferro a mis sueños, para eso nací,
en donde se encuentren; yo los escribí.

Mis sueños me guían a un destino azul,
honrando así la vida que recibí.

Me aferro a mis sueños,
aunque a veces lejos parecen estar.
Los encuentro en mis anhelos más profundos;
siempre para mí están.

Me aferro a mis sueños y empiezo a creer que
me pertenecen y agradezco que me hacen ser
y me llevan a crecer.

Me aferro a mis sueños que me obligan a creer
y encontrar en mi historia mucho que aprender
y una forma única de trascender.

Me aferro a mis sueños;
nuevamente me subo al tren
que me lleva hacia ellos,
sin importar los puertos
que requiera recorrer.

Superando Obstáculos

Me aferro a mis sueños, quito las limitantes
y dejo de postergar. Camino hacia delante en
los caminos que sí transito y me llevan a cambiar.

Confío en mis sueños, por algo los vi;
la fuerza creadora los puso en mí.

A lo que no me aferro es a dejar de insistir con
la fuerza que siempre me acompaña, recorriendo
lugares que sólo hay para mí, ya que tan sólo
por construir sueños vale la pena vivir.

Volver a creer en milagros

El hombre que vende gardenias en la esquina y se preocupa de que no se marchiten antes de que las puedan comprar.

La mujer que borda el vestido en la plaza, sin importar el qué dirán.

El joven que ve un país destrozado y ambivalente, en donde pareciera que sólo la ambición desmedida cuenta.

El anciano con la nostalgia de las oportunidades que no llegaron.

Los deprimidos que tienen la certeza de que el Sol no volverá a brillar en su vida.

La soledad envuelta en miles de abandonos repetidos y quizás mal cicatrizados.

Volver a creer en los milagros es una opción ante muchas puertas cerradas. Levantarse, caminar, volver a intentar, volver a opinar, volver a gritar.

Los milagros existen porque existe la divinidad, que todo puede cambiar.

No tienes que hacer méritos para obtener un milagro, sólo tienes que creer e intentar hasta llegar hasta donde has soñado. ¡Llegará el día en que tus sueños te alcancen!

¿El cansancio te gana? Descansa, toma fuerza y vuelve a caminar.

Es tiempo de creer que el milagro también es para ti… es cuestión de reconectar con la infinita bondad que hoy te permitió existir.

Los milagros existen y hoy me siento digno de aclamarlo. ¡Ayer lo presentí y hoy está aquí!

Hoy exijo y construyo milagros en mi vida y en la vida de los demás, tejidas con la certeza del logro, que es leal a quien cree aún en la obscuridad, en el cansancio.

Hoy conecto con todos y cada uno de los milagros de mi vida, los que me han llevado a los mejores lugares y oportunidades.

Me puedo sorprender y hacer consciencia de que nuevamente puedo encontrar milagros y la promesa perdida alcanzar.

La cumbre más alta

¿Cuál es tu más alta montaña? Aquella que ni siquiera puedes imaginar.

Está escrita en tu alma como una espada otorgada para la gran batalla y tu gran plan.

Está marcada en tu corazón; algunos le llaman ambición, otros, por no no tomarla, cambian de color.

La marca aún no está escrita, la idea es una nube que en la mente se hospeda, esperando que un día realmente amanezca con todo su esplendor.

La cumbre más alta un día te alcanza, siempre que no dejes de caminar, soñar, meditar y esperar, desarrollando la capacidad de transformar todo lo necesario para llegar.

Superando Obstáculos

¿En qué sentido me dirijo hoy? ¿Qué camino debo de tomar? ¿Qué reto debo de enfrentar? ¿Cuál es la nueva montaña por transitar, por despertar, por superar?

La tenacidad, la mejor arma ante un mundo cambiante y personalidades inexplicables.

Tomo la espada que derriba cada uno de los obstáculos, la desconfianza, la pereza, la duda, la ausencia, la carencia de recursos, de agua, de vida.

Huele a éxito

Lo puedo oler, puedo sentir el éxito. El anhelo logrado está cerca de ti.

Las señales abiertas y claras están aquí, lo esperado y trabajado está llegando a ti.

Huele a nardos plateados, esos que transforman la situación del dolor en un bello honor.

Huele a elefantes morados, en donde lo grande y callado se une en un notable evento que sorprende, superando lo esperado.

Las marcas en la calle no me dejan de seguir, me gritan por doquiera.
El éxito habita en ti.

Huele a lluvia fresca con toques de anís, esa que refresca el alma y la obliga a soñar, a volar con la altura del águila, que en el cielo recuerda que toda altura es superable.

Huele a bondad en el ambiente, esa que hace llorar al poderla experimentar, la fuerza del alma que nos acompaña en nuestro caminar.

Lo puedo oler, lo puedo sentir: el milagro obra en ti. La creación de la vida se puede percibir, aquello que muere y nace hasta que logra existir.

El misterio vive en mí, lo divino está en ti, está aquí, ese es el mayor éxito.

Lo puedo percibir, la llegada a la meta la palpita tu corazón en cada amanecer, en cada asentir con la brisa del aire olor a jazmín, que anuncia todo lo bueno que está por venir.

La estrella dorada

Hoy veo una estrella dorada
que me recuerda mi dulce anhelo.

Hoy veo una estrella dorada
que anuncia que las buenas nuevas
ya están en el firmamento.

Hoy veo una estrella dorada
que me grita que estás en el
camino correcto.

Hoy veo una estrella dorada
que me habla de la maestría
que produce seguir los sueños.

Hoy veo una estrella dorada
que brilla entre lo obscuro
de las circunstancias
para renovar el aliento.

Hoy veo una estrella dorada en
cada persona y me muestra el
amor que todavía queda en
sus corazones, aunque el invierno
de sus vidas muchas veces los haya
alcanzado.

Ayer dudé

Ayer dudé; me caí de la silla de la confianza,
en donde creí habitar.

Ayer dudé, pues me miré en el espejo
de la difícil realidad.

Ayer dudé y la fuerza se quebró en mí,
como un desierto olvidado
que habita dentro de mí.

Ayer dudé y sí reconozco que me perdí. La
duda me paralizó y olvidé la capacidad
de sonreír.

Descolgué la expectativa puesta
en mí, como si mis dones
desaparecieran y se borrarán
después de tanto caminar.

Ayer dudé y cerré todos los capítulos que
había escrito para mi vivir.
Dudé, lo permití, y en un segundo sentí que morí.

Hoy reconozco que la duda te permite revivir, te
permite sentir, te permite escribir, te lleva a dejar
de sobrevivir.

Ayer dudé de quien soy, me perdí en el viaje de encontrarme a mí mismo.

La duda es maestra, de vez en cuando déjala entrar en ti. Es una parte humana que, si la dejas vibrar, te puede redimir y llevarte a la verdad absoluta que habita sólo en ti.

Dudé, lo permití, y hoy lo puedo mirar, describir y escribir.

Dejo de posponer mi proyecto

La torre se rompe. La nueva historia corresponde al cambio de fondo que no sabías en dónde se escondía.

La estructura aprendida es un acto fallido, ahí en donde la vergüenza predomina.

Nadie sabe quién la construyó ni donde empezó, sólo puedo mirar que el "ya merito" quedó atrás.

Con todo y la duda acepto el reto, hoy no encuentro pretexto;

esperar en exceso es el origen del mal acuerdo.

Lo viejo cae y se queda atrás, lo nuevo grita: "tómame ya".

Encuentro el momento, la historia, el cuento y los medios aparecen para hacerlo de nuevo.

Mi mente grita: "esto es una locura". El Universo conspira y con los eventos grita, el caos lo anuncia.

Ya es tiempo del cambio, el viento lo grita a los cuatro vientos.

El cuerpo y alma se unen en una aceptación completa que asombra pues el proyecto ya está terminado.

Cantan los laureles

Los laureles cantan, gritan la esperanza fallida de un recuerdo inexistente de victoria.

Los laureles cantan después de tantas guerras perdidas que reclamaron su derecho al triunfo.

Los laureles cantan después de haber perdido la identidad que borraron un rostro cansado de tanto dar la cara después de fracasar.

Los laureles cantan después del infortunio que atacó ocho generaciones, tratando de salir de la maldición escondida en una lealtad de destino que debió ser sacudida.

Los laureles cantan cuando se sale del espejismo, del efímero éxito que se convirtió en uno de muchos frustrados.

Los laureles cantan cuando el anhelo enterrado, enquistado, olvidado, saboteado, sale a la luz, cansado de estar olvidado.

Los laureles cantan como un ave que marca, con su canto, un antes y un después luego de la tormenta más larga y negra de tu vida.

Los laureles cantan después de miles de silencios, cuando aparece la respuesta que esperabas.

Los laureles cantan cuando todo se percibe perdido, cuando ya no hay ganas, cuando la indiferencia arrastra.

Los laureles cantan después de que las nubes grises, como esperanzas apagadas, gritan: "no te rindas"… Cerca, o no tan cerca, está la victoria trabajada.

Los laureles cantan para ti, pues has caminado el camino, trabajado la jornada, pagado los precios de una vida con significado, de muchos sueños alcanzados que brillan.

Los laureles cantan y resplandecen sobre lo no logrado, como la sinfonía que grita que la vida es un baile entre lo jugado y lo ganado.

El faro no falla

La tormenta arrecia, la obscuridad aterra. Todo parece un sueño, una pesadilla. Y a la luz de la Luna, el alma se inclina, se reconcilia, se abraza y con la voluntad arrasa.

Cuando toda esperanza muere, después de viajes de años, de muertes, una silueta a lo lejos se aferra a decirle al alma: "podrás llegar a puerto".

Tu claridad en las metas permaneció y no cambió el rumbo, pues la elegancia del faro guio todos y cada uno de tus actos. Cada acción te acercó, como una respuesta, a esa luz en la obscuridad.

La perseverancia venció el reto, guío la inspiración y todo recuerdo de hazañas no aseguradas, en donde el reto se agota y se enoja con la realidad, que se observa a lo lejos como algo inalcanzable.

Las críticas constantes, como vientos susurrantes, no lograron acobardarte, pues en un instante, la realidad parece distante y el faro te recuerda que el sueño puede ser probable o improbable, y que cualquier cosa que suceda, arrastra.

El faro está ahí y parece que nunca calla, pues la impaciencia no ayuda ante la abundancia del viaje que aguarda. Abundante como la profundidad del mar que otorga tesoros escondidos a los que aguardan.

El faro no falla. No pierdas la esperanza, no dejes de avanzar, aun en la noche sin estrellas, en la soledad que calla ante la incomprensión no deseada.

El faro no falla. Sigue el viaje de la no esperanza, ese que el rumbo nunca marca, poca gente aguarda y nadie ve; parece un espejismo sin precedente, sin antecedente. ¡Pocos la presión social y familiar aguantan!

Saber lo que deseas siempre te pone en la delantera, pues otros tardan, otros no empiezan. Persevera en lo que viste y sella el acuerdo con cada proyecto que te acerca a ese mundo imaginario que otros no imaginaron. La visión es la clave, la visión es el faro.

El faro no falla. No corras, sólo avanza y en cada instante confirma: "ya estoy ahí", pues el que camina siempre avanza y el Sol resplandece para los que el mar infinito cruzaron con la luz intermitente del faro que no falla.

Transformando mi ser

Introducción

Atrás del miedo está la fe, atrás del miedo está el renacer.

La vida es una constante oportunidad de aprendizaje, una continua capacidad de renovación. Cada año, cada mes, cada cumpleaños, es una promesa de ser mejor, de estar mejor.

Las diferentes circunstancias de la vida nos llevan a entender que, si no cambias, los mismos maestros de vida, como la repetición, la enfermedad, se seguirán presentando.

Las circunstancias buenas o malas son oportunidades para ser mejor, para transmutar.

Cada día, cada circunstancia, nos trae un reto, una oportunidad de aprender, de mejorar, de innovar.

El que no cambia, está muerto, está muerta en vida. El que no prevé el cambio está en peligro de extinción, de regresión.

Muchas veces, la transformación viene después del caos, de la destrucción, de la decisión. ¿Y qué nacimiento no trae un poco de temor, de dolor? Por eso le tememos al cambio, a lo desconocido, al nuevo yo que es capaz de nacer después de fundirse en el fuego necesario para la renovación.

Del miedo a la fe

Atrás del miedo está la fe, atrás del miedo está el renacer para llegar a lo que quieres ser.

El miedo es natural en el ser humano; frente a circunstancias adversas se puede disparar y, en ocasiones, superarnos a nivel biológico, emocional y espiritual.

La fe es resultado de enfrentar los miedos, mirarlos, reconocerlos y darles un buen lugar en la propia vida, por lo que enfrentar los miedos es saludable, ya que resuelve y nos permite transcender a las circunstancias.

Puedo reflexionar... ¿De qué tamaño es mi miedo y de qué tamaño es mi fe?

¿Es más grande mi fe o es más grande mi miedo? ¿Estoy más cerca del miedo o estoy más cerca de la fe?

¿Están predominando mis pensamientos positivos o los negativos? ¿Me supera la acción o me supera la falta de ánimo para actuar?

¿Pospongo mis proyectos o los estoy llevando a cabo? ¿Estoy, por lo general, más alegre o más triste?

Hoy me atrevo a mirar y hacer consciencia de mis miedos; me permito respirar profundamente, miro, acepto y reconozco mis miedos
y les digo amorosamente:

"Los miro, los acepto y sé que están aquí para mi protección".

"Los miro, los acepto, recibo los mensajes, aprendo y actúo".

"Los honro como parte de mi vida, como parte de la vida del otro y cómo emociones que son parte de la supervivencia y de la evolución".

La vida hoy nos empuja a lo nuevo y a lo diferente, a cambios trascedentes, estructurales, y es normal que lo nuevo traiga temor.

Podemos sobrepasar la historia si, en lugar de sobrevivir, nos enfocamos en mejorar, aprovechar lo bueno y transcender lo malo, enfocándonos en gestar el propio renacer como resultado de mirar, reconocer y aceptar los miedos.

Podremos abrazar con amor la nueva vida y las circunstancias que traen consigo... aumentando nuestra fe... Tal vez este es el mensaje.

Me visto de jacaranda

El invierno se va y el frío del alma se despierta con el calor de la jacaranda que resplandece en la ciudad.

La ilusión vuelve, el amor resplandece. La intuición aflora, se asoma en toda mi piel.

Hoy me visto de jacaranda, no importa la estación, pues necesito renovación.

El azul-lila me recuerda que todo lo que pasa cada día puede ser mejor.

El poder de la transmutación me es regalado hoy y lo recibo y utilizo para ser una persona mejor.

La sabiduría de la Luna, esa que espera con paciencia la luz del Sol, hoy realiza su labor. No estoy solo, no estoy sola, la misión me acompaña y lo mejor de mi linaje aflora hoy.

La tristeza se disipa, la bondad que nadie me puede robar resplandece en mi ser como la nueva oportunidad de cada flor que nace, esperando dar aliento en cada pétalo, en cada tallo, en cada sabia parte de su ser.

Me visto de jacaranda, convirtiéndome en una oración viva de aquello que espero, de aquello por lo que trabajo.

Resueno como la renovación de cada estación, que encarna todos los anhelos que impone el nacer.

Eres mi maestro, eres mi maestra

¡Hoy te encontré! Para algo entre nosotros resolver,
a fin de ver lo que necesito aprender para trascender.

Accidente, me puedes estar diciendo detente.
¿Vas muy rápido o con qué éxito no me puedo quedar?

¿Me haces enojar? ¿Qué injusticia me ha faltado por sanar y siento que no he podido descargar?

Me enfermé. ¿Qué emociones no he sanado?
¿Qué situación no he enfrentado hoy?
¿A quién no he podido reconocer?

¿Me perdí en el camino? ¿Pierdo cosas?
Puedes estar con temor a enfrentar tu destino
o quizás estés confundido.

Es buen tiempo para detenernos y volver
a definir el sentido.
La tristeza me sobrepasa...
¿Cuándo voy a llenar mis vacíos?

¿Cuándo voy a tomar mi vida? Tómala fuerte, con lo lindo y lo no tan lindo.

Sigo posponiendo,
¿cuándo voy a aceptar y tomar mis dones?
¿Me rechazó?
Quizás es tiempo de dejar de tocar la puerta equivocada.
También es momento de levantar mi autoestima,
de reconocer mi valor.

Los síntomas y situaciones de la vida
muchas veces nos gritan:
"¡Ya basta! ¡Ya empieza! ¡Ya deja! ¡Atrévete!
¡Quiérete! ¡Despierta! ¡Decídete! ¡Vive!

¿Hasta cuándo voy a escuchar a estos grandes
maestros que con las circunstancias nos hablan?

Hoy decido escuchar, mirar el mensaje de cada encuentro, de cada circunstancia.

La vida es la gran maestra que nos invita a la evolución personal con la consciencia del amor auténtico a uno mismo, ese que nos lleva al crecimiento, a la trascendencia... a la libertad.

Desperté

Desperté del sueño ilusorio de aquello que creía
y sólo era la realidad del reflejo de lo que veía.

La verdad me buscaba y se escondía en ideas
de otros, que me vendían y me consumían.

Desperté de las creencias que alucinaban en mi
mente con matices que esclavizan, de los cuales
sé que sólo obstruían la vida que mi alma pedía.

La libertad de ser y de decidir se enfrentaron para
lograr vencer ese impulso de irme y rendirme.

Desperté de las expectativas que otros depositaron
en mi ser, y hoy recupero mi propia vocación,
puesta por el creador en mi don.

La sabiduría del ser real se manifestó en destinos
y deseos cruzados en donde la idea se cristalizó.

Desperté de la noche obscura,
en donde mis fantasmas discutían el deber y el ser,
decidiendo seguir mi propio amanecer con su atardecer.

La certeza nació y nunca dudó en el camino que en la vida decidió.

Desperté y dejé de perderme en los espejos personales, los sociales, para encontrar y abrazar mi yo ideal, en donde en cada acción y proyecto sólo se puede amar.

La pasión por la vida, reina por lograr la paz e intensidad en las diferentes circunstancias en el regocijo de la vida heredada.

Hoy me pongo el sombrero violeta

El sombrero violeta es para ti, es para mí.
Lo podemos adquirir con sólo sentir,
con sólo percibir.

El sobrero violeta te ayuda a vivir esa vida
con la fuerza de la persona que vive en ti.

La intuición grita dentro de ti que lo que
crees sí es posible para los que continúan
hasta el fin.

Corre con el sobrero violeta puesto en ti
para superar las marcas de la vida que
establecieron para ti, y solamente ve
por las que tú mismo quieres para ti.

Me pongo el sombrero violeta porque
puedo transformar las circunstancias que
la vida trae, lo malo en bueno, si decido
lo que quiero cambiar.

El arcoíris te invita te a creer
que las puertas se abren,
la esperanza vuelve, lo bueno viene;
es la promesa que la violeta firma en su fin.

El sombrero violeta nos muestra que
lo bueno puede ser malo y lo malo puede ser
bueno si del violeta aceptas disponer.

Me pongo el sombrero violeta
para despertar el ojo interno,
esa mirada que vibra
en abundancia de señales,
para despertar y evolucionar.

La intuición en lo que se ve puede adquirirse
si concentras tu alma en aquello que se mueve
en lo profundo de ti, conectándote con el todo,
con el origen y el fin,
para comprender lo que te quiere decir.

Cierro los ojos... Miro adentro,
en donde están las creencias del amor,
con la solidez que fue dada para
superarme a mí mismo.

En la caridad de mi esencia, que es capaz de
cambiar la razón en aquello que sólo
mueve el corazón.

Volví a respirar

Cuando sentía que me ahogaba y no lo sabía, ángeles humanos me llevaron al camino de la vida, cuando sentía que me iba.

Volví a ver la luz que nace de la obscuridad, de los caminos cerrados y las voluntades aplastadas por la lucha sin avance por el desierto del camino.

Y volví a respirar cuando, después de un largo periodo, la realidad sobrepasaba mi ser ante el pantano de la indiferencia y la mediocridad.

Volví a ver la luz y a renacer a todo aquello que clama mi alma dentro de mí, que explota y dice que todavía hay mucho por recorrer, por hacer.

Volví a ver el azul del cielo cuando creí que la noche era eterna y los sueños se quedaban sólo en estrellas con brillo, sin ver su transformación.

Y volví a respirar, sintiendo la fuerza de aquellos que esperan, aunque en ocasiones tú te vas y no los ves.

Volví a ver luz, como un nuevo nacimiento que trasciende a quien fui ayer y a lo que hoy requiero ser, con esa fuerza de quien espera, sostiene y quien te mira y recibe al nacer.

Y volví a respirar la esperanza de una nueva oportunidad, la tomo con la energía de quien resurge del escombro, la tierra y del diario creer, que aun en la adversidad puede empujar la dureza de la tierra y crecer.

Volví a ver la luz de la consciencia, que resurge del trabajo interno que sana y es sanado en eternos ritos de compasión e inclinación, honrando lo que es.

Y volví a respirar el respiro de la vida, el respiro de bienvenida que marca un nuevo inicio para todos aquellos que escuchan la voz del llamado que la vida nos otorga en cada amanecer, como signo de que cada día se puede.

Al abrir los ojos, mirar la oportunidad de cada día, puede volver a encender el impulso de vivir y manifestar nuevas formas de ser y estar.

Trascender

Transitar las circunstancias negativas y dolorosas, ir de un mal lugar a otro es trascender. Crear nuevos puentes, desarrollar mejores ideas, es una forma de trascender.

Pasar de la realidad marcada para ti, contra toda resistencia, demuestra que puedes marcar la propia herencia, la propia historia.

Superar los números de las metas trazadas, fijando nuevas marcas, las necesarias para fijar el nuevo estándar, el nuevo invento, la nueva solución.

Transformas la personalidad con la que se nace y se educa para ser lo que tú quieres, el infinito de dificultad que la experiencia encierra si superas las limitaciones de tu propia personalidad.

Lograr el éxito contra toda esperanza, como el Sol, que amanece en la obscuridad y te recuerda que sí se puede transcender.

La locura del sueño imposible que parece que es para todos, menos para ti.

Trascender es dejar huella en donde otros no se han atrevido y dejar huella en la vida de otros, y sin darte cuenta, día a día realizas actos heroicos.

Dejar huella en la vida, aprovechando tus dones y contribuyendo a un mundo, mejor es trascender.

Trascender las circunstancias, las creencias, de forma que se viva conforme al ideal.

Se abren las puertas

Cerré todos mis círculos amorfos e inconclusos; de lo malo de ayer ya no queda más.

Y se abren las puertas de las nuevas, mejores y definidas formas de relacionarse, ser, estar y actuar.

Cerré los candados de aquello que me encadenaba a eternos patrones de esclavitud y mortandad.

Y se abren las puertas de la libertad, lo que te motiva a seguir, lo que te permite vivir desde tu propia perspectiva y con la consciencia de asentir a lo que brilla para ti.

Cerré las goteras de carencia, que me tenían siempre alerta de que lo bueno en cualquier momento podría terminar.

Y abrí la puerta a la abundancia, esa que te da mucho que tomar y todo para elegir.

Cerré las ventanas de la esperanza fallida, de esa espera de lo que no llegó.

Y abro las puertas de esa realidad que complace y motiva cada paso en el diario vivir.

Cierro las puertas a lo que no soy y abro las puertas a todo lo que en realidad y, en amor, soy.

Dejo de ser invisible

Ría, cante o llore, para los de afuera soy imperceptible.

La mirada ausente de mamá por su rápido mirar al tener que trabajar o sus duelos asimilar.

El papá ausente en las preocupaciones; aprendía ser ignorado.

Me confundí entre tantos hermanos y hermanos, brincando entre almas no me pude distinguir.

El último hijo, aquel al que menos se le dio, pues la fuerza faltó al final.

Aprendí a ser invisible, pues a mi hogar no me pude integrar por ser diferente en mi pensar y actuar.

Quizás a otros u otras miraron en mí, aquel que proyectaron, sin darse cuenta de mi existir.

Soy invisible, así lo aprendí. Me dijeron: "quédate quieto ahí, no opines, no expreses, aquí no hay lugar para ti… No te planeé y, sin darme cuenta, fuiste una carga para mí".

Aprendí de los cercanos a no ser el más valorado, uno del montón, sin ser capaz de acceder a mi interior.

Me declaro humano

Me doy permiso de brillar, a pesar de que no es mi estado habitual.

Hoy aprendo a mirarme, integrarme, reconocerme, valorarme, pues la diferencia reside en mí; aprendo a ser reconocido y aceptado conforme a mi vivir.

Cambié de piel

Todo lo vivido en un largo camino,
todo lo nuevo es absorbido.
Un refrán escrito y un amor con sentido.

Tantos viajes y cambios a la renovación me han llevado.

Hoy mi piel nuevos momentos transpira.

No lo puedo creer, pues a mi edad renuevo mi piel,
pues ya no recuerdo lo que fue.

Las malas historias se han borrado y la
angustia ha terminado.

Las nuevas memorias de adentro se reflejan en
lo externo. Hoy, nueva piel estreno y me siento
con un nuevo aliento.

La historia deja de repetirse y soy libre en
cada esfuerzo del propio y libre resultado.

Arriesgarme sin límites a otra escena me ha traído.
No he renunciado, la piel lo sabe y la piel lo expresa.
Lo malo se va, lo bueno se queda.

La renovación explora los nuevos deseos,
las nuevas formas. Todo transpira para dar bienvenida
a la nueva realidad que de adentro aflora.

Cambié de piel, y así es desde el principio hasta los
pies. De lo malo de ayer hoy me puedo separar.

¿Qué quiere surgir en mí?

Hoy tembló todo en mí… La energía se transformó de obscuridad a luces con el esplendor del azul celeste, con un mensaje de fuerza y sabiduría interna.

Hoy, los escombros de mi viejo yo se derrumban y entierran lo viejo con la fuerza de un dragón.

Nace quien en verdad soy entre gritos que dicen no puede ser, eso no es para ti, sintiendo que eso no es para mí.

Nace la mujer dormida, el hombre dormido, ante la negación de oportunidades y juicios negativos ante sus ideas.

El ser emerge ante el arduo esfuerzo de su reconstrucción con la única alianza del verdadero yo.

Hoy surge todo aquello que encuentra cómodo en mí, como una reacción que grita: "se puede ser feliz".

Todo se movió y con todo, y aún con miedo, surge la solución a aquello que creí perdido, como una restauración de la historia que llevaba dentro como una cadena del deber.

Surge el ser que necesito ser para abrazar mis dones que me llevan a quien quiero ser, a donde quiero estar, con quien quiero estar.

Descanso en mi presencia y en la de los demás, con la paz que equilibra todo aquello que quiere surgir y evolucionar en mí.

¿Cuántas veces hay que renacer como el ave fénix?

¿Te cortaron las alas? Cóselas… y crea otra nueva forma de volar.

¿Te caíste y golpeaste? Sana tus heridas, ponte de pie y avanza.

¿Chocaste con los vientos adversos del juicio y la incomprensión?

Aprende una nueva forma de comunicar.

¿Te enterraron vivo? Aprende y toma fuerza de la tierra para resurgir.

¿Te cansaste de volar y no llegar? Descansa y vuelve a intentarlo con el mapa de la intuición.

¿Te ganó la soledad y la incomprensión? Dialoga en lo profundo de tu corazón y encuentra tu razón.

¿Te equivocaste de camino? Traza una nueva ruta y aprende del viaje.

¿El fuego de la realidad te consumió? Rescata la chispa de la vida y de la compasión.

¿Te mintieron en aquello que es esencial para ti? Vuelve a creer en ti y en los demás, en que la confianza en otro algún día te corresponderá.

¿Te quedaste ciego? Aprende a mirar con el alma y los ojos del amor.

¿Te tocaron las peores cartas en el juego de la vida? Respira y sigue apostando.

Cada vez que resurges ante la pérdida y el dolor renaces como el ave fénix, recogiendo tus cenizas en la creación, en donde surge consciencia e inspiración.

Resurge las veces que sea necesario... hasta la conexión con el infinito concretar.

Reinventarse para volar cada vez más alto, para tus sueños y tu misión de vida realizar.

¿Eres un cisne blanco o un cisne negro?

El cisne blanco se rige conforme a lo aprendido y en relación con las normas vigentes. El cisne negro tiene la fuerza de hacerlo diferente, puede romper normas siempre que sea necesario y con propósito.

El cisne blanco teme a lo que dicen los demás y no paga el precio de hacerlo diferente; permanece cauto. El precio es el juicio, la soledad, la incomprensión. La diplomacia bien funciona en estos casos.

El cisne negro paga precios altos por ser diferente. El cisne blanco es cauteloso, cuida los detalles y tiene miedo de mirar adentro y transformar su sombra.

El cisne negro teme mirarse adentro; con todo y el temor mira su sombra para dejar que gobierne la máscara.

El cisne blanco rechaza su imperfección, el cisne negro la convierte en crecimiento y mejora. Lo perfecto puede ser aburrido.

Hoy tengo el coraje de vivir bajo mi perfección e imperfección, las integro como complementarias, ya que la obscuridad brilla con la luz y la luz brilla con la obscuridad.

El cisne blanco controla y llega a reprimir sus pasiones en razón de un orden y prudencia. El cisne negro acepta sus pasiones y actúa por impulso, en ocasiones sin mirar alrededor.

El cisne blanco camina por el camino conocido; el cisne negro abre nuevos caminos, muchas veces arriesgando de más, y es capaz de perder hasta alcanzar y consolidar.

Elijo ser el cisne blanco y el cisne negro. Los dos complementan la verdad y se requieren de ambas partes para encontrar equilibrio y armonía.

Se puede vivir conforme a lo aprendido y, con sentido, hacerlo diferente.

En la innovación, el cisne negro será tu aliado. En la estabilidad y seguridad, el cisne blanco podrá darte buenos consejos.

Los extremos enferman; la armonía de lo diferente como complemento sano.

¿Te atreves a integrarte en la complementariedad o vivir en alguno de los extremos de la polaridad?

Emprendiendo

Introducción

La idea nunca dejó de insistir en que era posible antes de existir.

"Atreverse" es la palabra clave en medio de emprender los propios proyectos. Muchas veces creemos que queda ahí, sin embargo, lo que sigue es: el camino estrecho, el desierto, la lluvia, la desolación, el querer abandonar miles de veces y no poder abandonar porque sabes que te traicionas a ti mismo, a ti misma.

Estas reflexiones y poemas tratan de revivir y de reconocer lo que implica el emprendimiento. Los sentimientos pueden ser muy fuertes, quizás hasta pesimistas, ya que busca empatizar y honrar a todas y todos los que han emprendido.

La incomprensión de los que te rodean, muchas veces, puede ser la parte más difícil al ir por caminos que otros no conocen, así como percibir el miedo de los de atrás, cuando uno de los suyos vaya hacia un lugar que podría ser una locura o demasiado peligroso.

Fundar es unir la energía femenina de tener una visión, creer y dejarla nacer, integrando la energía masculina de la disciplina, el orden, los límites y, sobre todo, la fuerza necesaria para defender tu punto y perseverar.

Intentar las veces que sea necesaria, saliendo de los miles de "ya meritos", del "casi lo logro", del triunfo corto, de seguir a pesar de dudar de una misma, de uno mismo, y del impacto de la creación que estás aportando a la vida.

De pocos es hacer todo lo necesario para que nazca la idea, cuidar la idea, cosechar la idea, mantener la idea, compartir la idea.

Es caminar, aunque dudes de si vas por el camino adecuado por el proyecto, por la idea. Muchos tienen buenas ideas, pocos las llevan a cabo, menos perseveran, y ahí está la soledad del loco que empezó y trascendió a la incomprensión; es vivir mucho tiempo como loco, en un mundo de cuerdos.

Me subo al barco

Me subo al barco; no sé a dónde me llevará
y en qué lugar acabará.

Confío en que puede ser una oportunidad
para volver a empezar.

Me subo al barco y dejo creencias que no sirven atrás,
conservando las que me hacen respirar.

Me subo al barco y dejo miedos atrás, aquellos
que te impiden avanzar.

Me subo al barco, otra aventura más, con
la esperanza de mejores puertos encontrar.

Me subo al barco con todo el empeño que me
da el viajar, haciendo todo lo posible para
continuar en esta vida.
Sólo hay que perseverar
hasta la oportunidad encontrar.

Me subo al barco con la certeza de que las
estrellas me guiarán a un puerto nuevo,
que no puedo imaginar.

Me subo al barco de la libertad, en donde
mejores realidades puedan anclar.

Me fui por el camino menos transitado

No recurrí a los atajos, pues no es obra de santos.

No recurrí a los atajos, para eso están los versos.

No recurrí a los atajos, mi naturaleza son los retos.

No recurrí a los atajos, acepté el trayecto.

No recurrí a los atajos, me aferro a lo no hecho.

El precio fue alto, la ganancia aún está en juego.

No recurrí a los atajos, me fui por el camino
poco transitado.

No me arrepiento de haberlo hecho,
pues agradezco lo que, con inspiración
no explicable, he alcanzado.

No recurrí a los atajos, pues el mundo está lleno de saltos.
Caminé el camino más extraño, el que dura años… y
disfrutar el proceso fue la recompensa que se obtiene
por no fijar el trazo.

El camino más difícil

Me fuí por el camino difícil, el desconocido, el jamás protegido.

Me fuí por el camino difícil, aquel que la intuición dictó sin seguir el argumento.

Me fuí por el camino en donde la soledad aprieta y apunta la línea estrecha entre la cordura y la locura.

Me fuí por el camino difícil, en donde la gota de agua se exprime y se hace grande.

Seguí la llamada, esa que creí que me inventaba y, en muchas ocasiones, que me aplastaba.

Me fuí por el camino difícil, con la supuesta traición a lo conocido y a los conocidos.

Me fuí por el camino difícil, el que sigue al don personal y espiritual, con la duda a cuestas y la carga de no saber si es lo correcto.

Me fuí por el camino en donde se pagan los precios más altos, en donde puedes estar en el límite de perderlo todo y no abandonar el proyecto.

Me fuí por el camino difícil, poco transitado, casi incomprensible… y sigo ahí, sin saber a dónde llegaré.

Todavía no lo sé, lo que sí sé es que valió la pena dejar una brecha, un cambio por el cuál quizás otros transitarán, llegando a esa bendición incomprendida aún no sabida, aún no entendida, aún no perseguida.

Emprender

Es un destino, una ruta de camino,
la fuerza del inicio,
la fuerza de innovar,
crear un nuevo destino
no transitado.

Una nueva idea a la
que nadie puede mirar,
sólo el que emprende,
y eso va a costar.

Sólo tú con tu diferencia,
eso te hace dudar, caminar
solo el camino
que sólo para ti está.

Emprendiendo

Fundar es el diamante
que la vida ha de pulir
con el fuego de la entrega
que sólo tú podrás asumir,
pues la idea nunca dejó
de insistir en que era posible
antes de existir.

Emprender es crear y la invención
te une con el creador de una forma
humilde, sólo una pieza clave,
en lo grande de la vida, en
donde tú eres otro motor.

Emprendiendo

En la vida existen dos caminos: el que queremos o el que otros quieren para nosotros, consciente o inconscientemente.

Emprender tiene que ver con la iniciativa para comenzar algo nuevo, algo diferente. Muchas veces, los precios son altos por los condicionamientos sociales y familiares.

Tener iniciativa en un mundo estereotipado con altas demandas es cuestión de héroes.

Estas reflexiones te alentarán y empatizarán contigo en el retador camino de cualquier emprendimiento.

Tomar la propia profesión, aunque no sea la más cotizada, poner un negocio en el que nadie cree.

Hacer los proyectos de forma diferente e inesperada, poco conveniente, con la marea a contracorriente.

Tener el coraje de hacer lo que tu visión ve, pagando los muchos precios que la vida misma cobra, es de pocos, sin embargo,
¿qué tal si cada vez somos más?

Este apartado te acompañará en aquellos caminos callados, dudosos, solos, en donde te sentías loco…

Y al final se comprueba que son los locos, los metódicos, los creativos, los que cambian el mundo.

Comprométete contigo mismo, contigo misma

Los deseos no siempre dependen de ti, las metas y acciones sí.

El compromiso es contigo y nadie más… Recuerda que Dios, el Universo, la vida, siempre ayudan a los que siembran, a los que se esfuerzan.

Propongo realizar un propósitos o compromisos contigo mismo, contigo misma.

"Me comprometo a realizar los cambios necesarios para avanzar en mi evolución personal".

"Me comprometo a valorarme al grado de reconocer lo que soy, con aciertos y errores".

"Me comprometo a trabajar por mis sueños y proyectos, disminuyendo errores y aumentando aciertos".

"Me comprometo a sorprenderme en este año de logros sin medida".

"Me comprometo a trabajar por los ideales que me indica mi propia misión de vida".

"Me comprometo a viajar, disfrutar el trayecto y llegar hasta donde no he llegado".

"Me comprometo a salir de mi zona de confort y afrontar lo que me da miedo y trabajar por lo que da fuerza a mi alma".

"Me comprometo con mi plan de vida y plan de vida social".

Propongo que por cada deseo nos planteemos una meta, un compromiso, de forma que lo puedas describir, ubicar y hasta decretar. Cuando concretizas, te acercas y disminuyes brechas.

La vida es una oportunidad, es el regalo gratuito que recibimos de Dios.

Una forma de gratitud es comprometerte con ella y nadar en el mar de oportunidades y retos que reflejan el gran misterio de vivir.

Agradece la vida cumpliendo metas. En diferentes ciclos cerramos otro capítulo de nuestras vidas. ¿Cómo queremos vivir en adelante?

Sí puedes

"No te arriesgues". Realízalo, tú puedes.

"No es para ti". Sí puedes, también es para ti.

"Eso no era para mí".

Esa oportunidad puede ser para ti.

"Nadie lo ha hecho antes". Sí puedes.

"Sí te sientes temeroso". Se valiente sí puedes.

Si otros no te pueden decir lo que requieres escuchar, repite cada día: "Sí puedes".

Ábrete y atrévete a la grandeza

En esta sociedad nos enseñan que lo grande es para pocos, nos enseñan a ser mesurados en el sentir, en el actuar.

Atrévete a la grandeza, pues estás hecho a semejanza de Dios. Siempre ve por lo mejor, hazlo a lo grande.

Deja la inteligencia y ábrete a la genialidad, pues la vida es una oportunidad y no sabemos cuándo puede parar.

La grandeza da miedo, pues parecería que es para pocos. Aprovecha cada año que queda por vivir.

Crea de tu vida algo maravilloso, ábrete a las sorpresas, inventa las respuestas.

Grita más fuerte, explica hasta la causa de la causa de la causa; que cada acto sea grande, sin importar que acto sea o que a quien se lo estés otorgando no lo esté mirando.

No temas a la grandeza, eres polvo de estrella y tu alma tiembla como la marea.

Encuentra tu don, ese que te llevará a tu grandeza, esa que es sólo para ti. Por eso es importante descubrir tu don, que está en tu esencia.

Ábrete a la grandeza, esa de las almas que en lo imposible sueñan, y esos sueños les ayudan a sobrellevar las largas y grandes tormentas.

Sé grande en lo pequeño, sé grande en lo cotidiano; cada detalle cuenta, cada parte arma la pieza.

Abre las puertas grandes, también las pequeñas, con la actitud del grande que en cada momento busca la piedra, esa grande que logrará hacer la diferencia.

¡Por favor, no te detengas!

Hoy quizás estás cansado o cansada.

Probablemente nadie de tu familia, colegas, amigos, entienden tus ideas, tus proyectos, en qué inviertes tu vida.

Tus conocidos, lo conocido, van en dirección contraria.

Por favor, no te detengas, no te dejes influenciar por el ambiente.

No te dejes derrotar por los errores, por las batallas perdidas.

No permitas que otros decidan tu destino.

Por favor, no te detengas ante la incomprensión, el juicio, la burla.

No es fácil, no ha sido fácil… no será fácil. La clave es caminar aun cuando se ha perdido la fe, aun cuando se está cansado.

Toma aliento, la fuerza del último impulso al llegar a la meta. Vuela, salta, ya casi lo logras… Muy probablemente el éxito que esperas está a la vuelta de la esquina… así que, por favor, no te detengas.

Un día, al final del trayecto, te voltearás y observarás cómo construiste un destino y te aplaudirás con todo tu cuerpo, sintiendo y reconociendo que lo has logrado.

Compré un boleto

Compré un boleto a la fortuna,
aquella que he construido cada día
con cada acción, con cada respiración.

Después de una decisión incorrecta
fui buscando otro destino,
uno más correcto para mí.

Compré un boleto a la esperanza,
aquella que parece traicionar
cuando lo esperado no se encontró
en el camino
y el viajero tuvo que buscar
las señales no visibles,
aquellas que dificultan el andar.

Me desvestí de lo negativo
para dar la bienvenida
a un equilibrado optimismo,
en donde las malas
vivencias se afrontan y se convierten
en un irresistible insistir.

Me declaro humano

Compré un boleto a las
estrellas, las más brillantes,
las más verdes,
las más perfectas,
aquellas que sólo existen
para mí, para ti.

Compré un boleto a un destino,
y hoy, con respeto y equilibrio, vivo ahí.
Se multiplicó, pues la fe con acción
premia el valor.

Sigo las señales

Sigo las señales, aquellas que siempre vi,
las que el Ser Superior puso dentro de mí y
día a día me impulsan a seguir.

Veo las señales, son para mí… Las vibro, las siento
dentro de mí.

No importa la edad, joven, maduro, o viejo,
siempre las sientes, pues están escritas en ti,
de ellas no se puede prescindir.

Muchas paradas que parecen decir:
"es algo que inventas,
no es para ti, quizás no es ahí,
nada pueden transmitir".

Recupero el aliento y vuelvo a intentar,
vuelvo a vivir esa esperanza
que vuelve a surgir, aun cuando lo obscuro
me impida seguir.

Camino, espero y persevero, aun en la incertidumbre,
en el continuo arriesgar; es el aprendizaje
que la esperanza te indica seguir a través del tiempo,
hasta llegar a ese lugar, a ese estado,
en donde los sueños logro concretar.

Sigo las señales hasta llegar, pues una vida con retos es lo que forja y transforma el ser, floreciendo en los dones que me dieron al nacer.

Ángeles y trompetas anuncian que la espera, termina por seguir las señales. Hoy me encuentro disfrutando el camino que enseña la importancia de transitar a la tierra prometida, esa que siempre te espera.

Prefiero equivocarme a no vivir

¿Cuántas oportunidades perdidas por no arriesgar?

¿Cuántos sueños guardados en el escritorio para garantizar la paz?

¿Hasta cuándo voy a despertar?

¿Cuándo me daré permiso de ensayar nuevas técnicas hasta acertar?

Se me puede ir la vida sin intentar, pues sólo se aprende actuando.

Sólo nos fortalecemos en la vida, al levantarnos de las caídas, aunque duelan y estas en su mayoría sean en la soledad del propio entendimiento.

¿Quién no es libre no escapa?

Me doy cuenta de que no arriesgar, no intentar, es una forma de morir y dejar de sentir.

Si nadie me enseñó, hoy lo aprendo yo.

Si nadie me sostuvo, hoy me sostengo yo.

Si nadie me guía, me guio yo.

Si alguien me controló, hoy abro la puerta de la libertad. Me atrevo a soñar y empiezo a caminar, aun en desierto estoy dispuesta ya.

Nunca sabré lo que habría pasado si no lo hubiese intentado, y hoy decido atreverme a probar, sin importar las ocasiones en que me pueda equivocar.

El resultado es secundario, lo importante es que realicé todo lo necesario y la sabiduría y la experiencia son mis regalos. Con tantos intentos, con tantos esfuerzos, puedo decir que viví.

¿Qué tan lejos estás?

¿Qué tan lejos estás de donde empezaste? Mira tu trayecto, valora lo resuelto.

Hoy te invito a mirar atrás, a esa brecha de donde estás a donde empezaste.

¿Cuánto has cambiado? ¿Qué has mejorado? ¿Qué cualidades debes rescatar que perdiste en el viaje?

¿Cómo se siente encontrarte avanzado en ese corto, mediano o largo viaje?

Descansa, recuerda el camino que has transitado y todo el proceso que has creado.

Integra lo mejor de tu yo de inicio, el visionario; tu yo del camino, el que persevera; el yo que toma el éxito y lo concreta, y el yo del futuro que requieres para consolidarte.

Qué lejos estás de ese primer escalón en donde dudabas en iniciar el viaje.

Qué lejos estás de esos momentos en donde las cosas no se daban y pensabas en abandonar.

Qué lejos estás de cada uno de tus logros, que te fueron acercando a tu propósito.

Mira hacia atrás, agradece la sabiduría del camino y disfruta el camino que dejaste atrás… sin importar lo lejos que esté.

Encuentra tu forma de llegar

¿Cuánto tiempo llevas buscando la forma de llegar al éxito de tu proyecto?

¿Has probado diferentes formas y no lo logras?

¿Te has arriesgado y perdido mucho? ¿Sientes que lo has intentado demasiado?

El camino transitado te dará las respuestas, aquellas que tanto has buscado.

El largo desierto interminable te entregará el gran resultado de tu labor.

Los pasos andados, cantan la victoria de que estás por llegar.

La justicia te bendice como resultado de ese gran caminar, del constante esfuerzo.

Las respuestas salen a tu encuentro y tu solamente puedes aceptar, elegir, acertar con la maestría del que sabe perseverar.

Cada intento es un maestro, cada intento es un conocimiento, cada intento es un acercamiento.

Todo lo sembrado te viene a encontrar como esa marcha eterna que premia por buscar.

Las emociones te aplauden después de tanto esperar, haciendo un himno con cada uno de los momentos que te sintieron llorar, por cada momento en que sentiste desesperar.

Las incomprensiones y las miradas de dudas resistieron, aunque dolieron hasta los huesos y aterrizaron hasta por sí mismo desarrollar el propio aliento.

Hoy el camino sale al encuentro haciendo su propio manifiesto, lo construiste en cada intento, aterrizando tu propio método hasta llegar, convirtiéndote en maestro en procesos para llegar.

Apuesta por ti mismo, por ti misma

Hoy la apuesta es por mí, sin importar lo que otros piensen o esperen de mí.

Me mido con mi propia vara, equilibrando el afuera con el adentro.

Dejo de esperar que otros crean en mi sueño, en mi persona y resignifico mi propia valía.

Sólo yo mismo puedo entender lo que hay dentro de mí y lo que me ha costado estar aquí, con mi logro grande o pequeño; cada uno cuenta.

Este éxito lo mido con el esfuerzo, no sólo con el resultado; lo transpiro en todo el cuerpo.

Apuesta por ti, sólo tú sabes lo que cada proyecto y esfuerzo ha implicado para ti.

Tú tienes todo el proyecto en tu mente, la visión en tu corazón.

Apuesta por ti, deja de buscar el apoyo afuera cuando está dentro de ti.

El rojo carmín espera que el premio empiece de ti y para ti, sin esperar la validación, el permiso, el entendimiento exterior.

¡Apuesta por ti!

La flor silvestre

La flor silvestre nadie la esperó, nadie la miró y de entre el suelo más duro surgió, levantó la tierra y gritó: "aquí estoy".

Nadie la vio, nadie la notó, y con todo esto nunca se rindió.

La flor silvestre, con cada pisotón, un nuevo conocimiento adquirió y en sabiduría se convirtió.

Su pequeñez a muchos asustó y a otros advirtió que la esencia escondida alguno la percibió y mucho asustó. El reflejo de lo pequeño no a muchos agradó.

Mirar a la flor silvestre de ayer, de hoy, de siempre, recuerda la grandeza de la sencillez y del amor a la vida tal como es.

No es sólo una estrofa en el papel, es la grandeza de ser y con lo que tenemos que crecer.

La magia de la resistencia, hoy llamada resiliencia, es lo que algunos llaman paciencia, que en ocasiones se convierte en ciencia.

La tierra seca es una promesa de nutrirse, aunque el abono falta, así como el creer que la lluvia tocará la siembra.

La flor silvestre guarda su grandeza en su esencia, que logra resaltar entre la maleza de una sociedad que, en ocasiones, lo pequeño detesta, pues no puede ver la importancia de lo que en verdad cuesta.

Encontrando ideas creativas con los seis sombreros

Los tiempos que estamos viviendo nos ponen en una tensión al enfrentar diversas circunstancias complejas y bajo cierto peligro. Algunos con mayor peligro, otros con mayor magnitud, sin embargo, todos estamos enfrentando momentos difíciles.

Un método efectivo, que en lo personal me ha servido y comparto, es el análisis de los seis sombreros de pensamiento de Edward de Bono. Este método consiste en reflexionar desde diferentes perspectivas.

Desde el sombrero blanco, que es el de los datos concretos, reales y estadísticos, me puedo preguntar: ¿cuánto he perdido? ¿Cuánto tiempo durarán mis insumos? ¿Cuál es la tendencia externa para los próximos tiempos?

Desde el sombrero rojo, que es el emocional, es importante mirar: ¿qué emociones me están sobrepasando? ¿Cómo están mis relaciones con las personas con las que estoy conviviendo? ¿Estoy reconociendo cómo estoy ante lo que sucede? ¿Soy compasivo conmigo mismo (a)? ¿Quiénes me preocupan más y hasta dónde puedo apoyar?

Desde el sombrero amarillo, que es el optimista y visionario, podemos cuestionarnos: ¿qué he hecho bien? ¿En qué estoy siendo demasiado optimista? ¿Qué bueno puede surgir de todo esto? ¿Qué no he mirado?

Desde el sombrero negro, que es el negativo, que, por lo general, busca razones para asegurar que tiene la razón acerca de que el fracaso es inminente, podemos reflexionar: ¿he perdido la fe? ¿Qué temores me están sobrepasando? ¿Me he vencido ante alguna situación? ¿Qué he dejado de hacer por miedo?

Desde el sombrero verde, que es el de la creatividad y el desarrollo, puedo diseñar ideas poderosas: ¿cómo he resuelto situaciones difíciles en el pasado? ¿Cuáles de mis habilidades pueden ser aprovechadas? ¿Qué puedo innovar hoy? ¿Qué nuevas necesidades se están disparando? ¿Qué competencias puedo desarrollar?

Desde el sombrero azul, que es el integrador, el orquestador, puedes preguntarte: ¿cómo disminuyo amenazas? ¿Cómo abro oportunidades? ¿Cómo puedo salir airoso de esta situación? ¿Qué requiero resolver?

Propongo agregar el sombrero lila, el de la intuición, que se deriva del morado, que es la transformación e implica la sanación pasada, presente y futura, y aquí me preguntaría: ¿en quién me requiero convertir para la nueva era qué está naciendo?

Te invito a encontrar qué respuestas te han sido más significativas y a que acciones te orientan este análisis a corto plazo, mediano y largo plazo. ¿Cuál es el sombrero que más utilizas y cuál te convendría utilizar más?

Espero que esta reflexión te aporte para hoy, para mañana, y que te llene de ideas de colores para pasar la tormenta con más armonía y equilibrio.

¡Nos vemos en el arcoíris!

Reconexión con los Padres

Introducción

Hoy me rindo y reconozco que me han hecho falta, que necesito su fuerza, su impulso, sus límites, su estructura, y tomo todo aquello que me es heredado por ser su hijo, su hija.

El resolver y sanar la relación con los padres es un proceso necesario y fundamental para todo ser humano que quiera gozar de salud mental y, más allá de todo, evolucionar.

La relación con papá y mamá está condicionada por la propia historia de ellos. Si no se recibió afecto, muy seguramente no se dará afecto o se otorgará de una forma desequilibrada.

La cuestión es que, si no se trabajan los vínculos, esto se convertirá en una bola de nieve, y llegará el momento en que no se pueda detener, pues se puede convertir en algo muy grande y arrollador… como depresiones crónicas, adicciones o pérdida de vidas.

Sanar la relación con los padres es vital, es urgente, ya que, como Sigmund Freud decía, "infancia es destino". Y agrego: destino es el conjunto de realidades construidas a partir de las relaciones primarias.

Restablecer la relación con los padres es vital, y hoy urgente, ya que llevamos ese aprendizaje a todo tipo de relaciones, por aprendizaje, por lealtad, por juicio y hasta por biología, ya que los aprendizajes emocionales se quedan en el cuerpo.

Requerimos no solamente vínculos más sanos, sino vínculos reales. Las personas estamos necesitadas de aceptación, reconocimiento, justicia y equilibrio como resultado de aprender a vivir en el amor.

Renuncio a la dulzura de mamá

Quema mis entrañas… me quema el alma la ausencia de mamá. Lo merecía y no está.

Me faltó su mirada, su canto, su abrazo, su dulzura, su sano estar, su respirar junto a mí.

El agujero en el estómago incesante está, como un hueco muy difícil de llenar, de sanar.

La busco en todas partes, lo sé y no lo sé… Creí que estaba y encontré su mirada perdida en otro lugar… No entiendo desde qué historia no me pudo cargar. ¿La dulzura de su amor en dónde se acabó? ¿En dónde se rompió? ¿Quién se la quitó?

Su abrazo, su sustento, me ha hecho falta y hoy acepto que no lo puedo encontrar en los demás.

Me hiciste mucha falta, hoy lo puedo mirar, como la triste neblina que por fin se aleja en la obscuridad.

Te persigo en la brisa callada del mar, como un suspiro que dice: "quiero estar". Sin embargo, una fuerza más grande te llevó a otro lugar, ¡te jaló para atrás!

Hoy respiro y te dejo de buscar en miles de lugares, sensaciones, eventos, sustancias, parejas, amigos, hijos, en la mirada de otros… en quien se deje atrapar en el juego de dar y no dar.

Todo lo transformo y lo dirijo a reconocer con amor lo que te impidió estar, y es ahí cuando dejo de buscar y con paz renuncio a la dulzura de mamá.

La ternura que mamá, por su historia, intereses y heridas, no me puede entregar… Es comprender que la propia madre tampoco se pudo llenar de la dulzura de su propia madre.

En este instante de consciencia dejo de demandar al otro lo que sólo tú me puedes dar.

Mamá: te abrazo en el vacío del alma con todo el amor del que soy capaz, de ese encuentro en el ser y estar, inclinado con toda la humildad de que puedo ser capaz. Estiro mi alma al lugar en donde estás, renunciando a lo que no puedes dar ni hoy ni en la eternidad.

Tomo la vida y mucho de lo que sí hay… Me abrazo y me contengo a mí mismo con sabia dignidad… dejando la espera de lo que no será, de lo que no se puede dar.

Te amo en la luz y también en la obscuridad; en lo que das y no das; en el vacío y en la generosidad de una vida que, a través de tu amor, más profundo pudo brotar.

Se fue papá

Papá quería quedarse, sin embargo, una fuerza más grande lo llevó a otra casa, a otra ciudad, a otras personas, a otras responsabilidades, a otro lugar.

Decidí que no lo necesitaba y ahí renuncié al derecho de tener un padre, de la mitad de mi linaje.

Se fue papá y quise reemplazar su fuerza con metas grandes y audaces… con tintes de autosuficiencia.

Me mostré grande para el mundo mientras me sentía el más, la más, vulnerable.

Se fue papá y oculté mis temores para salir al mundo debajo de la cama y desperté, olvidando la realidad e inventando una que pudiera llevarme a sobrevivir.

Se fue papá y renuncié al derecho de ser ayudado, apoyado, sostenido e impulsado.

Hoy me rindo y reconozco que me ha hecho falta, que necesito su fuerza, su impulso, sus límites, su estructura, y tomo todo aquello que me es heredado por ser su hijo, su hija.

Aprendo a exigir lo que me es dado por el hecho de existir, de trabajar, de esforzarme en equilibrio y mérito.

Hoy dejo la autosuficiencia, el sobreesfuerzo, el perfeccionismo y reconozco que el hecho de que él se haya ido no tiene que ver conmigo.

La añoranza de su regreso, aún rechazada, la dejo en el escritorio de todo lo que la humanidad aún no ha resuelto.

Lleno el vacío en consciencia y busco todo aquello que no pudo dar desde un lugar de reconciliación y sanación. Acepto que para él está bien que lo haga diferente, que el dar la vida es suficiente.

Me miraste

Me miraste y supe lo que es existir; entendí
que ser reconocido representa vivir.

Me miraste con el corazón en la mano,
sabiendo que era algo que venía de ti.

Me miraste y sentiste cómo la nueva
vida era una oportunidad que ilumina lo nuevo,
la nueva forma de estar.

Sonreíste y mis ojos estaban en ese
gesto que me dio la aceptación y bienvenida.

Tu mirada fija, con la gran sonrisa de aceptación,
de sublimación, sintiendo en el alma los
grandes regalos que me diste,
esos que llenan la vida de amor.

Las miradas conectaron, iniciando
el vínculo eterno para la creación
que anuncia que somos seres en
constante transformación y
que el reto más grande es la vinculación.

Me declaro humano

Me miraste y pude vibrar en tu alma
creciente de amor, esperanza y paz. Me miraste y supe
lo que es existir y estar.

Mis ojos respiran en ti la grandeza de ser y estar,
con toda la fuerza del conectar, en la
primera mirada… la de mamá, que mucho
ha de determinar.

Nunca hay vacío

Nunca hay vacío... porque siempre podemos llenar lo que no está, lo que no es... todo aquello que se requiere recordar.

El dilema es llenarlo positivamente con uno mismo, con Dios, con fe, ideales, proyectos... no dejando lugar a la ansiedad, depresión, vicios, rencores, arrogancia, pesimismo, culpa, soledad.

¿Bendita libertad o bendita fuerza del espíritu?

Nunca hay vacío porque la nada no está, sólo es cuestión de llenar los vacíos de la propia existencia con consciencia y humildad.

Nunca hay vacío, sólo es cuestión de expresar, de involucrar todo aquello que no pueda escapar.

La respuesta está en la transformación de ese espíritu, que te puede llevar a llenarte de fe, abundancia y amor, de todo aquello que requieres y el otro no quiere o no te puede dar.

El vacío se llena con la verdad de las historias, que se entrelazan con la historia real de aquella que opaca a la adversidad.

Nunca hay vacío porque el ser humano, la vida y el amor son infinitos. Las posibilidades están en todas partes.

Cuando tú trabajas con consciencia decides con qué llenar cada parte, qué rechazar y qué aceptar.

La invitación es a tomar parte de la elección, a descifrar el vacío de tu interior, limpiarlo y llenarlo con la convicción del que cree que todo puede ser y estar mejor. ¡Atrévete a decidir con qué llenas tus vacíos, para que no haya vacíos!

Allá está mamá

Allá en donde lo eterno se encuentra con lo humano… convirtiéndose en amor sagrado.

Allá en donde el rostro de Dios se encarna en vida.

Allá en donde lo más profundo del alma se hace carne, vida, misión.

Allá está mi madre… en el recuerdo del dulce alivio de su presencia, siempre en mi vida.

Soy tu extensión en el futuro… eres mi extensión en el pasado.

La conexión es de amor y evolución.

Allá en donde estás orgullosa estarás.

La honra a la vida recibida está en la alta realización, aprovechando al máximo las oportunidades y viviendo una vida llena de plenitud.

Hoy y siempre nos une el amor y nos une el Creador…

Tomaste más de mí

Te tocaba cuidarme, amarme, abrazarme, pero tomaste más de mí.

Tus pérdidas guardadas y desplazadas en una vieja historia que se olvidó atrás.

Querías que te diera aquello que tus padres no te pudieron dar y en esa necesidad inconsciente me perdí en tu necesidad.

Aprendí a dar de más aun cuando los otros no lo pueden tomar y eso me llevó a pérdidas por relaciones con demandas o reclamos atascar.

Me perdí en tu historia que no podía explicar, una serie de vidas que no puedo imaginar.

Tomaste más de mí, en exceso de sensualidad; el alma me partiste y hoy no me puedo recuperar.

Tomaste más de mi cuando, siendo el chico, me usaste para arreglar tu dificultad y la soberbia alimentaste, y hoy de ella me cuesta escapar.

Tomaste más de mí al pedirme trabajar para tus deudas y cuentas pagar. A mí no me tocaba, eras el adulto y requerías tus propios obstáculos afrontar.

Tomaste más de mí y hoy requiero sanar esa necesidad insaciable de siempre ayudar, curar, ganar, salvar.

Hijo, hija, te di de más...

Desde mi historia de carencias te di de más y en débil te convertí.

Desde mi necesidad de afecto te di de más y te perdí.

Desde mi ignorancia de sentirme débil te di de más y de lo que tú también me puedes dar, sin querer, prescindí.

Desde mi falso deseo de que logres lo que yo no pude te deposité mis anhelos y te confundí.

Empiezo a borrar las huellas de esos traumas y debilidades, que sin querer clavé en ti.

Mi miedo a perderte me impidió resistir.

Te cobijé de más, te regué de más y, sin darme cuenta, te hundí en debilidades e inseguridades abstractas que hoy viven en ti.

La salida no es fácil, sin embargo, hoy empezamos con poderla ver y reconocer, aunque duela, que te sobreprotegí.

Miro mi arrogancia disfrazada de falsa humildad y me entrego a mí para dejarte vivir, dejarte sentir, y que por fin tu propia vida, fuera de mis expectativas, puedas vivir.

Hoy suelto mi afán de ayudarte y con ello te regreso tu fuerza y te permito ejercer tu poder.

Te suelto, te libero; crece y desarróllate por ti, te permito vivir. Sólo así podrás tomar la vida que junto con tu otro padre te di.

No me puedo levantar

A esas personas que al amanecer no encuentran un motivo para levantarse, que, a pesar de querer, no pueden encontrar la fe, la paz, la motivación, el rumbo.

A esas personas que están convencidas de que no han hecho nada importante en su vida, que no encuentran un nuevo camino por recorrer…

Si pudieran ver cuánto bien hacen al mundo con su sola presencia.

A todas las personas que en algún momento de su historia se atrevieron a expresar "¿para qué?", les recuerdo las sabias palabras: ¡levántate y camina!

"Levántate niño, levántate niña, y anda", las palabras que un gran maestro expresó ante esa debilidad, cuando se pierde la fuerza, la esperanza, el amor, y necesitas un padre que te devuelva el aliento, que te muestre un nuevo propósito, que te aliente en la vida, para salir de la soledad más profunda de sentirte perdido, de sentirte perdida.

Si sientes que el tiempo, los años y las circunstancias te sobrepasan, susúrrate al oído las palabras: "levántate y camina". No te fuerces a encontrar las respuestas… Camina y al terminar la noche empieza a sentirte satisfecho por el solo hecho de haberte esforzado, aun sin obtener resultados.

Cuando nadie te enseñó a afrontar la vida y quieres ir al mundo, sintiendo que éste te sobrepasa, lo quieres conquistar sin dejarte atrapar, sin perder la capacidad de soñar. Te invito a experimentar la fuerza de los de atrás; a pesar de muchos fracasos no dejaron de caminar.

Cuando la persona que te alentaba ya no está en tu vida y sientes que desfalleces en el andar y que el único aliento eres tú mismo, tú misma, revive su recuerdo, escucha lo que te diría. Tienes el derecho de tomar su fuerza, su ejemplo; su energía puede trascender en ti.

Abraza las emociones de los que cruzaron atrás, ese ímpetu que les permitió llegar o esa antorcha que pasan, para que tú sí lo puedas alcanzar, pues la trascendencia es la clave de la evolución y la perseverancia de la iluminación.

Levántate y anda, hoy podrías descubrir el sentido, el camino, la razón, tu don. Vas a llegar a buen puerto, vas a encontrar lo que buscas en la vida, te vas a encontrar, vas a lograr lo que todavía tu alma no puede imaginar o no cree alcanzar… La clave está en caminar, aun cuando la fuerza parezca escapar, pues de tu ser más profundo podrá surgir, podrá despertar.

Recuerda cada día, al despertar, aunque te sientas fatal: levántate, anda con la consciencia del sobreesfuerzo, descubre el regalo por vencerte cada día y, contra todo pronóstico, andar aún con la fuerza de tus padres, de tus abuelos, que, aunque no lo sepas, te sostienen atrás.

Levántate, anda y construye una nueva historia; lo viejo quedó atrás.

El narcisista y yo

Quiere dirigirlo todo y no
queda más que asentir.

Callarse es lo mejor, es la única
forma de sobrevivir.

Si no tomas consciencia te
puede absorber como una energía
que te puede consumir.

La duda te obliga a no decidir,
pues en cualquier momento
puedes sentir la obligación,
del mandato del narcisista,
escondido en tu diario decir.

Atrapado en personalidades narcisistas
es posible sobrevivir, diciendo:
"ya no quiero esta relación para mí,
no es forma de estar aquí".

Escapar no es fácil, pues te hacen creer
que tú eres el malo… El embrujo puede
durar más de mil años y, aun así,
sigue sin ceder.

Salir no es tan fácil,
pues vivimos en un mundo
polarizado, en donde mirar al otro
se ha convertido en un mercado.

Hoy reconozco lo que en mí
se ha escamado por vivir
tanto tiempo atrapado en
perfiles jamás sanados, por
estar entre historias olvidadas
y nunca honradas.

Tu buena opinión la hace suya,
olvidando lo que has dado,
pues sólo en el error te recuerdan;
dicho está en la historia.

Son los que siempre tienen la razón
y no cede el honor…
pues siempre están en la razón.

El mérito no importa,
pues solo a ellos les toca;
todo mérito
de otro es menor.

No es fácil vivir a su lado;
o te identificas o te mimetizas,
o te alejas o te salvas.

Como siempre, la salud
está en el justo equilibrio, esa que no
se queda a medias.

No en medio, no arriba, no abajo,
en la medida que te funcione, y
luego en cada situación encuentras
la medida correcta.

¿De dónde vienen los narcisistas?
De esa falta de cuidado excesiva
o de esa manipulación sin medida.

Sal de las malas medidas,
ve la grandeza del otro,
aunque no sea tu medida,
pues con equilibrio
podemos crear una
evolución desmedida.

Me dolió hasta los huesos

Tu indiferencia a mi dolor… ¿En dónde está tu comprensión? ¿En dónde está tu corazón?

Preguntaste por mis avances y no ofreciste colaboración.

Me dolió hasta los huesos; de eso sólo sabe Dios, la soledad en los proyectos que sólo conozco yo.

El que no pudieras equilibrar tu ayuda y apoyar al emprendedor, en lugar de sacar del hoyo a aquel que nunca se atrevió, que no se arriesgó.

Me dolió hasta los huesos la no razón de tu adiós, esa confusión escondida que nunca sanó.

Me dejaste sola en el intento, eso caló y, después de todo, hoy me hace ser la persona que soy.

Gracias a ese dolor, el cambio se logró, la torre se derrumbó y el nuevo hombre despertó. Reconozco que a lo nuevo nazco hoy.

Hoy me inclino ante el dolor y agradezco desde lo más alto el regalo de la transmutación y de la fortaleza, que surgió por dejar que realizara mis proyectos por mí mismo y hasta el final.

Me dolió hasta los huesos y eso me ha hecho ser quien soy.

El alma que no podía nacer

Había un alma que quería nacer y no podía. Buscaba diferentes formas de encarnar y analizaba cada aspecto con arduo detalle.

Analizaba los padres con los que pudiera nacer, pero ningunos padres le gustaban; unos eran muy ricos, pero egoístas y superficiales; otros eran pobres y amorosos, y los intermedios los percibía como mediocres y temía perderse.

El alma no encontraba en qué país nacer, porque unos eran avanzados y evolucionados, pero fríos e impersonales, y los cálidos eran pobres y demasiado alegres.

También tenía conflicto sobre qué número de hermano ser. "Si soy el primero me va a tocar cargar con los demás y habrá demasiada cercanía con los padres", eso le iba a llevar a contaminarse demasiado con lo que son. "Si soy de los de en medio quizás me vuelva invisible y sea pesado estar resolviendo los conflictos de todos".

"Si soy de los últimos me puede tocar muy poco y, aunque libre, la distancia con los padres me puede poner mal". "Ser hijo único me puede complicar el sentirme especial con el precio de la soledad".

El alma que quería nacer buscó a Dios y le dijo: "Gracias, pero no encuentro el lugar con el que pueda yo. Todo lo quiero perfecto y me asusta a donde voy".

El ser superior respondió: "Lo perfecto está en otro lado y es parte final de la evolución".

El alma volvió al intento de buscar en qué lugar encarnar para a la Tierra llegar.

No encontraba un buen tiempo para nacer, ya que unos tenían demasiadas guerras y otros tiempos eran muy arcaicos y carentes de tecnología. Había tiempos de sequía, otros de desperdiciar, tiempos de valores y tiempos de radicalizar.

Después de tanta indecisión y necesidad de perfección, el Ser Superior se cansó y sin preguntar al alma, a su buen lugar de aprendizaje al alma envió.

Desde entonces, las circunstancias de los aprendizajes de cada uno el Creador eligió.

Y el destino de cada uno se plasma conforme al propio reto, que su propio camino marcó, sin embargo, cada uno puede de las circunstancias sacar lo mejor, en donde la vida misma su lugar, tiempo y circunstancias eligió.

Hasta que te reconcilies con tus circunstancias la vida podrás aceptar y la paz y armonía encontrar, viviendo en la certeza de que has nacido en donde podrás crecer, y a tu misión responder, con una buena vida.

Saliendo de los Patrones con Amor

Introducción

Sólo honramos la vida que nos fue dada si salimos de la repetición y vamos a la evolución desde una equilibrada forma de vivir con compasión.

Cada vez más escucho de pacientes, consultantes y alumnos: "Ayúdame a romper el patrón, quiero romper el patrón". Cuando me lo piden de esta forma se me viene una imagen de un vidrio roto y mi sentimiento es de agresión, enojo, frustración. Me pregunto: ¿es necesario romperte para sanar? ¿Qué de lo que existía era bueno?

Cuando rompes con algo puede haber ese sentimiento de resentimiento y de rapidez. Entonces, no queda resuelto, no está sanado, pues los malos sentimientos se quedan.

En psicología transgeneracional hemos aprendido que lo que se resiste, persiste… y, sobre todo, que para sanar historias hay que mirar atrás con un amor superior, que te lleva a las historias que llevaron a tus abuelos, bisabuelos, ancestros, a ser como son. Así mismo, ¿cuál es tu reflejo hoy?

Es tiempo de hacerlo diferente, conservando lo bueno que hay atrás para no quedarnos vacíos y con la consciencia, día a día, de la diferenciación entre los destinos difíciles, haciendo que los sacrificios y actos heroicos del pasado sean honrados con vidas particulares y bien vividas para alcanzar la preciada libertad, por todos esperada.

Te devuelvo tus creencias

Lamento que no puedas creer aquello que no puedes ver. Te devuelvo esa incapacidad de mirar a través del cristal de cada amanecer.

Lamento tu constante cuidar hasta el más mínimo error que pueda ser fatal. Te devuelvo esa necesidad de control sin satisfacción basada en el temor.

Lamento tu constante fracasar y el éxito con cuentagotas alcanzar.

Te devuelvo la creencia de que el bien es para otros y que en ti, hagas lo que hagas, nunca estará.

Lamento tus historias de falta de equilibrio y resentimientos adquiridos.

Te devuelvo esa falta de confianza que nos obliga a aferrarnos a lo malo, a lo enfermo.

Lamento tus historias de abandono y falta de aceptación. Te devuelvo tu inconsciente necesidad a ser rechazado, olvidado y, quizás, hasta sacrificado.

Lamento el constante correr, el constante emigrar y en ningún lugar poderte quedar.

Te devuelvo ese arte de peregrinar y no ser capaz de arraigar en la tierra que te correspondía por trabajo y dignidad, que también hoy podría ser mi lugar.

Honrando las pérdidas

¿Qué estoy perdiendo hoy? Muchas veces no sólo perdemos un insumo o a una persona, podemos perder quienes éramos antes, las competencias y los valores que nos caracterizaban o pertenecían a nuestra familia.

En días pasados, reflexionando sobre "sanando mis pérdidas", un curso que impartí, volví a mirar mis propias pérdidas y las pérdidas de otros, constatando lo que hemos venido trabajando desde la psicología transgeneracional y cómo es que las repeticiones de atrás nos pueden llevar, en ocasiones, a "patrones de pérdidas" construidos en una complicidad amorosa con los de atrás, con los de ahora y con los que siguen.

Lo que me lleva a escribir esta reflexión, es la profunda necesidad de honrar a los que en el pasado perdieron mucho, más de lo que hoy estamos careciendo. Si bien hoy hemos perdido libertad y certidumbre, muchos de atrás perdieron territorios, patrimonios hechos con mucho esfuerzo, familiares, amigos y hasta la propia vida.

Como siempre, unos pierden más y otros menos. Hoy, estas circunstancias… ¿de qué te han despojado? ¿Eres de los que ha perdido más o de los que están perdiendo menos? ¿Cómo ha sido para ti perder o ver que los que quieres pierden? ¿Qué requieres recuperar en este sentido?

Lo que me preocupa es que todas y todos sabemos que esta historia no es nueva. No hemos aprendido, seguimos repitiendo las mismas dinámicas de injusticia que nos llevan a guerras, enfermedad, pobreza, orfandad, sentido de vida, salud mental, etc. Lo peligroso ahora es que están más ocultas que antes, por lo tanto, son más difíciles de mirar y afrontar.

Para resolver las propias pérdidas, las familiares y las de nuestra comunidad, requerimos sanar lo que no se ha sanado atrás, es decir, los traumas sociales que venimos repitiendo a través de historias semejantes de pérdidas.

Los destinos trágicos requieren ser mirados, integrados, honrados. Honrar es reconocer la magnitud de lo vivido y sufrido por otros y poderse compadecer.

¿Cómo podemos sanar nuestras propias pérdidas familiares y sociales? Reconociendo todo lo que se perdió atrás con un profundo sentido de compasión ante vidas que no volvieron a ser iguales…

Hoy, toda esta suma de historias no resueltas nos pone en un escenario con viejas pérdidas y el miedo inconsciente a repetir historias de pérdidas, traumas transgeneracionales y sentirnos vulnerables, como los de atrás. Para lograr honra y sanar podemos:

- Primero: reconocer las propias historias de pérdida, lo perdido y lo que estoy perdiendo en lo personal. Estas vivencias que ganancias me podrían estar otorgando. Mirar por otro lado, que pérdidas pueden tener su origen en historias del pasado. ¿Qué requiero recuperar?

- Segundo: mirar a los de atrás que perdieron por guerras, como la independencia, la revolución, la guerra cristera, la guerra contra el narcotráfico, entre otras, y salir de las lealtades que podamos tener a sus historias, a fin de salir de guerras internas que no están sanadas y que se siguen repitiendo.

- Tercero: recuperar la esencia que había antes de la pérdida, la fuerza y valores de mi linaje... mis raíces.

- Cuarto: reconocer lo que he perdido, cuándo lo he perdido y recuperar todas esas competencias, motivación y dones que se pudieron quedar en el pasado. ¿En dónde dejé mi esencia? ¿Quién era yo antes de tener mis grandes pérdidas afectivas, amorosas, económicas, de salud y de fe?

- Cinco: recuperar y renovar en quien me puedo convertir si recobro mis habilidades del pasado y vuelvo a creer. ¿En quién me puedo convertir con la experiencia de tantas pérdidas? ¿En qué persona me quiero convertir?

- Seis: volver a conectar con la vida, conmigo mismo, con el otro. Hay mucho que aprender y compensar a nivel personal, familiar, social, político, y nos toca toda la necesidad de salir de nuestro propio yo y mirar las necesidades del otro.

- Siete: dejar la indiferencia de lo que le pasa o no le pasa al otro en condiciones cotidianas… Volver al amor que nos creó a imagen y semejanza de la justicia y el mérito ante el actuar.

No podremos avanzar si no sanamos lo que está atrás. Sólo honramos la vida que nos fue dada si salimos de la repetición y vamos a la evolución desde una equilibrada compasión.

La evolución es vivir la propia justicia, es conservar y ganar, aunque otros hayan tenido historias poco afortunadas.

Más allá de lo perdido está la conservación y el origen por el que la vida nos fue regalada, para sanar y avanzar a mejores formas de ser, estar y transitar.

Atrapado en una historia

¿Cansado de repetir lo mismo una y otra vez?
¿Sientes que, hagas lo que hagas, nada cambiará?
¿De qué sirve que lo intentes si en lo mismo vuelves a caer?
¿En ocasiones sientes que es mejor desaparecer?
¿Te esfuerzas y no logras aquello por lo que otros no se esfuerzan?

Hoy es tiempo de renovar la esperanza, respirar y volver a intentar.

El descanso es un aliado, y la separación de historias y enredos que parece que no acaban es como mirar el largo viaje de aquellos que esperaban no llegar.

Al final, cuando ya esperaban en lo lejano y obscuro del mirar, atracaron.

Hoy reconozco que cada uno tiene un tiempo y un espacio, y el que hecho de que hoy no lo hayas logrado, no implica que abandones tus sueños, aun sintiendo que el tiempo para ti haya terminado.

Me libero de las ataduras del destino de aquellos de mi familia a quienes tanto les ha costado, aceptando el regalo del reto sembrado, convencida de que también lo hicieron por los que atrás de ellos después lo hicieron.

Preservaron la vida y es tiempo de aceptar el regalo de todos aquellos

que antes por ti han trabajado. Acabó el tiempo de luchar, de esperar, pues la herencia del esfuerzo hoy te ha sido otorgada.

Cargué con tu tristeza

Un día desperté triste… La ilusión se fue, también se fue el vigor.

Me culpé, me enojé y dejé de sonreír.

Pasaron los días, meses… años, y el azul del día no me hacía sentir.

Me cuestioné en lo profundo si valía la pena existir.

La desconexión… mi fiel amiga para subsistir, y el aislamiento, el aliado para la experiencia con el otro resistir.

Un sueño profundo significaba más entusiasmo para mí.

Hoy descubro que la tristeza no es mía, sino que la cargo por ti…

No soporté la idea de verte sufrir y me aterra pensar que te puedes ir.

Mi silencio es el silencio de aquello que no se pudo expresar, gritando con todo el cuerpo que acabe ya.

Hoy me atrevo a mirar lo que había tan atrás, historias de tristezas de muchos años atrás que resonaron en mi alma en un eterno suspirar.

Sentí tu dolor, el cómo te quebraste hasta no despertar; sentí tu odio ante esa injusticia y desigualdad.

Hoy decido que esta historia no debe continuar; me pesa demasiado. Es tiempo de migrar a estados de esperanza y tiempos de paz.

Cambio la lastima por admiración, el dolor por pasión, y ahora esa es una mejor forma de acompañar y apoyar.

Dejo la tristeza y la de muchos más en el equilibrio del sano mirar, del sano respirar, del sano amar.

Hoy me abro al tiempo de bonanza; seguro estoy de que alegre estarás con que vibre en nuevas formas, en el encanto de estar en armonía con la vida, mirando el sano despertar.

Te devuelvo la tristeza con la seguridad de que estarás de acuerdo.

Si es tuyo lo puedes cargar y, al dejar con amor tu tristeza, te libero y libero mis manos para construir mi propia historia, con la certeza de que esta historia podrá trasmutar.

Me miré al espejo y no vi nada

Había una vez un adolescente llamado Heladio. Un día se vio en el espejo y se dijo a sí mismo: "No veo nada". No se dio cuenta de que era brillante, pero carente de oportunidades.

De niño tuvo poca formación y una nula atención… Fue de esos hijos silvestres que sobreviven con la gracia del Señor. Pudo aprender a leer y eso fue mucho en su condición.

De joven estaba lleno de ideas y las ponía en práctica, sin embargo, nadie a su alrededor se daba cuenta, sólo él y su implacable interior.

Puso un primer negocio y, debido su escasa experiencia, todo se derrumbó. Terminó en el comercio de su padre como el último peón. Hijo de un padre incompatible con la esperanza que siempre guardó en su corazón.

Desde aquel día que nada vio en el espejo, una promesa se forjó: "Voy a diseñar un rostro propio". Aunque toda la vida le costó.

Precios muy altos pagó, como los de aquellos que sin oportunidades forjan cada día, sin ilusión, muchas cosas, y hasta la propia familia sacrificó.

Luchó y en un hombre aislado, metódico, reconocido y buscado en su profesión se volvió, sin embargo, en el espejo nunca su rostro encontró.

El espejo aprendido cumplió su misión. "Hagas lo que hagas, nunca un rostro reconocido encontrarás, pues la semilla de un padre que no mira a su hijo es como una maldición".

Todo ese esfuerzo de ese hombre por encontrarse no fue en vano, pues una hija lo sanó y trabajó sin descanso hasta que esta historia asimiló.

Esa hija pudo ver el reflejo de ese padre que en la vida todo arriesgó y hoy le deja por herencia… la importancia de la ilusión.

En su hija hoy resplandece una sonrisa que conmueve, narrándome esta historia que con lágrimas en los ojos comparto hoy.

Requerimos un mundo más justo, en donde haya oportunidades para los que tejen sus sueños con amor e ilusión. Si alguien en esa época le hubiera dicho "eres valioso", podría haber reconocido su identidad y su valor.

¿Cuántas personas en nuestro alrededor están haciendo intentos por una vida mejor y no nos detenemos a mirar su esfuerzo, su dedicación, su aflicción?

Pueden lograrlo por sí mismos, por sí mismas, sin embargo, un regalo en esos momentos puede ser la comprensión o un aliento que pueda llegar a su corazón.

Como seres humanos, como humanidad, se requiere mirar a aquellos que se sienten menos, que no se encuentran, que no se aman.

El problema no es sólo de los que sufren, también es de los que no sufren, pues somos un todo en evolución.

A las viudas de guerra

A aquellas que perdieron primero a su padre y luego a su esposo.

A aquellas que perdieron a su esposo y a un hijo al mismo tiempo o en algún momento.

A aquellas que perdieron a su esposo y tuvieron que hacerse cargo, solas, de sus hijos.

A aquellas que fueron despojadas por sus propios familiares y tuvieron que desconectarse para sobrevivir.

A aquellas que perdieron gran parte de su feminidad por tener que afrontar un rol que no les tocaba.

A aquellas que tuvieron que cuidar a sus hermanos menores, pues su padre murió y su madre salió a trabajar.

A esas mujeres que han tenido que batallar solas en un mundo de hombres sin tener la fuerza masculina que las sostenga.

¡Recuerden que son mujeres, recuerden que pueden ser ayudadas, recuerden que también pueden tener una vida!

Es tiempo de recobrar la capacidad de ser ayudadas, acompañadas y también salvadas.

Es tiempo de cambiar tu historia, la de tus hijas, la de las mujeres de tu historia, aquellas que merecen ser protegidas, cuidadas y complementadas.

Es el momento de aprender nuevas formas de estar en el mundo, en el amor, sin dejar de trabajar. Es posible dejar de estar polarizada en el rol de ser mujer.

Puedes dejar la creencia arraigada en cada célula de que, si sanas, al amor nuevamente puedes acceder, que una propia vida puedes tener.

Puedes recobrar tu esencia de mujer y para siempre, con respeto, dejar la guerra atrás.

A los huérfanos e hijos de huérfanos

Aquellos que perdieron temprano a sus padres por enfermedad, guerra o accidente.

Deja el estado de orfandad, ese que sientes que no se puede acabar.

El sentimiento de que lo más importante se va, lo bueno no se puede quedar y que a todos requieres ayudar.

Aquella necesidad de hermandad como compensación por la falta de solidaridad.

El padre ausente, ensimismado en la pérdida, viviendo como un sobreviviente por temor a la muerte.

La madre queriendo ser la madre de otros en total desconexión con el mundo, mirando de cerca al Creador como la única revelación.

La herida de orfandad se lleva hasta el tuétano, como una herida que sobrepasa los destinos, sobrepasando las emociones y no midiendo las acciones.

Salir de las actitudes de orfandad es volver al sentimiento de necesidad, de protección, de amor, de conexión con el origen, con la consolidación del yo.

No estás solo, sí tienes padres, los llevas en el alma, los llevas en la sangre; dictan tu consciencia y, sin saberlo, te abrazan por las noches.

El reto de ser un león en un mundo de ovejas

En cada familia hay leones que buscan más allá de lo establecido, es decir, un mejor lugar.

El diario convivir con ovejas lo hace sentir que está mal y que es arrogante por mirar más allá de lo que otros pueden visualizar.

Su peor reto es que sus sueños, por ser profundos y diferentes, se tardan más en alcanzar.

Se requiere toda la fortaleza de Dios para perseverar por ese largo tiempo para lograr cosechar el fruto de los esfuerzos; en ocasiones décadas y hasta generaciones, lo que inclusive lo puede llevar a morir por su verdad.

El león atraviesa lugares que otros ni siquiera se atreven a pensar, expresar o intentar.

La soledad es su principal prueba porque ser el raro aislado lo puede llevar a grandes depresiones que le impidan vivir conforme a su manera de la realidad interpretar.

Muchas veces, el mundo lo puede llevar a asumir actitudes de borrego, lo interesante es que el auténtico león logra salir de éstas y las deja, como escamas que se caen de la piel.

Si fracasa, será agudamente criticado por su clan, y si triunfa, tratarán de aprovecharse y tomar más de él, considerando que es su obligación... que tuvo suerte... considerando que sin esfuerzo todos pueden creer que son leones.

Soñar en grande es su principal bandera, es la esperanza que, junto con la convicción, lo hace capaz de darlo todo por su misión.

Sólo el león es capaz de darlo todo; el borrego cobra cada mínimo esfuerzo sin la capacidad de dar algo más.

El que se atreve a vivir conforme lo que piensa, conforme a lo que es, a decir sí en un mundo de contrariedades, merece la corona al final de la revolución.

Hoy te abrazo con el alma

Abrazo tu alma con su historia y su palabra, sin distinguir entre lo que es real y lo que no es real.

Abrazo tu alma en el espacio de tiempo en que estás y no estás, con tu presencia activa y tu presencia en descanso, ese vaivén de un solo rato.

Abrazo tu alma, esperando que desprenda fuerza para poder esperar a que pasen estas situaciones y otras más.

Abrazo tu alma, con sus éxitos y fracasos, sin importar cuáles pesen más.

Abrazo tu alma, sintiendo tu esencia y tomando la riqueza de tu profundo mirar, de tu forma de poder estar.

Abrazo tu alma, conectando con tu dolor y alegría en equilibrio perfecto en una danza total.

Abrazo tu alma y tu sonrisa, que me habla de quién fuiste, de quién eres y de quién serás.

Abrazo tu alma en lo profundo, en lo sencillo, en la confianza y en la desconfianza de un largo, mediano o un corto caminar.

Abrazo tu alma, creyendo que los tiempos son perfectos en lo vivido y no vivido, creyendo que aún hay mucho que esperar y un largo camino en donde encontrar almas que en su esencia puedan amar y abrazar.

Te devuelvo la etiqueta

No soy responsable de la herida que te marcó,
esa que hoy construye tu proyección, tu dolor.

La proyección que pusiste en mí hoy te quiero
devolver para poderme encontrar, definir y entender.

Mi nivel de evolución es diferente al que a
a ti te hicieron comprender. Te devuelvo tus
expectativas, tu ilusión, tu deber ser.

La diferencia hoy me lleva a entender que tu
proyección no quiero detener, pues me quiero resolver.

La etiqueta por mucho tiempo te ha impedido ser
quien eres, tener la propia realización, la sabiduría
de quién eres y quién es en realidad aquel.

Devuelvo la etiqueta a mis padres, abuelos, tíos
y hermanos con las expectativas aún no resueltas,
envueltas en heridas de la infancia.

Te devuelvo la etiqueta por la diferencia de parecer.
La magia personal es de cada quien, es un punto para
integrar, para crecer, para lo propio recorrer.

La propia llama se enciende, brilla con luz propia,

se libera de todo lo atado ayer, lo anclado, lo enterrado.

Hoy dejo la etiqueta impuesta
para nacer a mi verdadero ser y desarrollo
lo que por propia vocación quiero ser.

Acepto quien en realidad soy,
en congruencia con los dones
con los que quiero trascender.

Rosa, la delfina valiente

Rosita era una delfincita muy alegre y tierna que vivía en el mar azul claro, el más claro y calmado que uno pueda imaginar, tan claro que todo lo que sucedía ahí se podía ver hasta el cielo; tan claro que en ocasiones se confundía el mar con el cielo.

Este mar en donde vivía la delfincita tenía otra peculiaridad: todo ahí era color pastel. Realmente todo era bello y armónico porque la delfincita era la encargada del color y ahí mostraba su creatividad día con día.

Un día, la delfincita tuvo que salir del mar azul claro a cumplir una nueva misión, pero ella no sabía en realidad cuál era, así que se dejó llevar por la corriente, que en ocasiones era tranquila y en otros momentos era más fuerte.

La delfincita estaba tan preocupada por sobrellevar la corriente que olvidó algo muy importante en su vida: el color. Cuando se dio cuenta de esto, lo primero que se preguntó fue si todavía era rosa.

Sal de la cueva

Puedes salir de la cueva… Tantos años de esta historia y hoy todavía se recuerda.

Puedes salir de la cueva, el mal no te atrapará, la vida te sonreirá.

Puedes salir de la cueva y tu sabiduría aterrizar en sabias acciones, sin temor a lastimar, a arriesgar y a otros incomodar.

Puedes salir de la cueva y tu libertad respirar, volver a amar y a los tuyos con vida mirar y con compasión abrazar.

Puedes salir de la cueva y las deudas saldar, con la plena confianza de que no tienes nada que reparar.

Puedes salir de la cueva y tu verdad cantar, sin temor a que por ello te puedan atrapar o te puedan matar.

Puedes salir de la cueva, de esa obscuridad en donde la luz ya no puede encandilar.

Sal de la cueva, rescátate ya, toma la fuerza para la vida afrontar.

El mundo merece tu creatividad, tu esperanza, tu música al andar.

Sal de la cueva y danos la oportunidad de tus dones con los nuestros integrar.

Entra a la cueva sólo para tomar fuerza y luego regresa, que el mundo te espera.

El Amor de Pareja

Introducción

Vale la pena vivir el amor, sin importar lo recibido. Lo importante es lo aprendido, la capacidad de haber dado el paso aun sin ser correspondido.

Escápate de lo conocido, el autoabandono, la duda, el pesimismo atrevido, que te impide liberar tu destino hacia el lugar del amor genuino, el eterno desconocido.

¿Estás listo para amar?

Por lo general nos enfocamos en buscar a nuestra pareja adecuada y pocas veces nos preguntamos si estamos listos. Sí estamos listos para él o para ella.

El compartir en pareja va más allá de un sueño de princesas y príncipes o de una meta cultural aprobada. El amor de pareja es una realidad que envuelve universos de historias que se entrelazan y se convierten en espejismos de realidades no asimiladas, no resueltas, desplazadas al encuentro con otra alma.

El amor de pareja es un reto en donde se juega el todo por el todo, pues es el lugar más deseado y a la vez el más vulnerable, en donde se desnuda el alma y se entrega al otro como la mayor aventura de la vida.

Varios autores han explicado que hay que pasar por el largo camino del miedo al amor, por todas las historias de vinculación no resueltas que este camino implica.

El amor de pareja es de las mayores escuelas en la vida, quizás la asignatura más difícil de aprobar.

La invitación es a seguir trabajando en esta materia, que está llena de sombras, de heridas por sanar, de proyecciones, de carencias, de vacíos, de necesidades.

El reto de esta asignatura humana es el amor real y la valoración y aceptación de uno mismo, así como la necesidad de llegar al amor propio, a la completitud, para compartir y llegar al amor desde un buen lugar.

Me subí a tu carro

Me subí a tu carro y a tu mundo me llevó,
ese mundo tuyo que, a mi manera, sólo conozco yo.

Me subí a tu carro; primero fue azul
y luego fue cambiando de color hasta el
color miel, última estación.

Me subí a tu carro y recorrimos
lugares que no había visto
y que pude mirar a través
de tu cristal.

Me subí a tu carro y todo cambió,
aunque baje y suba,
sigo en ese vaivén.

Me subí a tu carro
y hasta ahora no puedo bajar,
algo me atrapa y no dejo de girar
a través de esa magia
que sólo en ti he podido encontrar.

La musa perdió la inspiración

La musa perdió su inspiración… La busca en el ocaso y en el amanecer del nuevo día.

La musa encuentra irreal el amor que no puede palpar, pues a la distancia parece siempre estar.

En sus sueños lo mira, lo siente y al despertar se desvanece, quedando solo en un infinito sueño del que no quiere despertar... porque sólo ahí encuentra a su amado.

Puede ser que un día al despertar olvide su sueño y traicione su mejor ideal.

La musa prefirió perder su inspiración que olvidarlo a él.

Con el tiempo aprendió que podía conservar su amor y la devoción por su gran pasión. La capacidad de perder le otorgó el regalo de la completud.

No pudiste dar el paso

No pudiste dar el paso; tu huida funcionó y tu alma no reaccionó. Las señales eran amplias, el testimonio real, pero no pudiste dar el paso, aunque tu alma tembló.

No pudiste dar el paso hacia el amor, ese amor verdadero que sólo una vez envía Dios. No pudiste dar el paso y me sobra comprensión hacia ese vínculo confuso en donde lo gratuito siempre se cobró.

La tierra tembló al volver de la evasión, de correr de prisa, a punto de no volver, de no saber. Me inclino ante tu huida; tu red de escape es real, pues de ti muchos han tomado de más y sé que la confianza no puedes recuperar.

Vale la pena vivir el amor, sin importar lo recibido, lo importante es lo aprendido, la capacidad de haber dado el paso aun sin ser correspondido.

No pudiste dar el paso y eso te lleva a vibrar en un mundo y un espacio en donde el amor no es real.

No pudiste dar el paso, del falso amor escapar, y con el corazón y alma lo entiendo hasta el más allá, aun así, no dejo de esperar el dejar los malos amores y esperar hasta el buen amor encontrar.

Deja que el amor te sorprenda

Deja que el amor que hay en ti te despierte cada mañana con el rayo del Sol, que te avisa que cada día cuenta, que en ti respira.

Deja que el amor te sorprenda en cada puerta, en cada esquina, así como una promesa cumplida a ti mismo, a ti misma.

Deja que el amor te sorprenda, ese amor que no duda, ese amor que perdura.

Deja que el amor te sorprenda, en lo profundo y oculto de tu alma, logrando desprender tu capacidad creativa, para aterrizar tus ideas en una obra creativa.

Deja que el amor te sorprenda llorando bajo la lluvia por eso que pudiste ser. Hoy, en tu esencia, la semilla de ese deseo perdura con una bella tintura.

Deja que el amor te sorprenda, enterrando en tu alma la más fina esperanza, en donde confiar en la humanidad aún es posible.

Deja que el amor te sorprenda, en la mirada lila de la eternidad esperada. Ese lugar en donde la transformación que sana, te sana.

Escápate de lo conocido, el autoabandono, la duda, el pesimismo atrevido, que te impide liberar tu destino hacia el lugar del amor genuino, el eterno desconocido.

Deja que el amor te sorprenda y se convierta en el milagro de fe en ti y en tu vida rodeada de amor verdadero.

Mereces un buen amor

El merecimiento se requiere aprender. Sí en tu infancia aprendiste a no ser suficiente, si en tus relaciones tuviste las peores experiencias, si te sientes extraño cuando las cosas buenas pasan.

Ya es tiempo del amor maduro, del amor capaz de negociar, de acompañar, de conquistar.

¿Te sentiste digno del amor de tus padres? ¿Viviste la capacidad de ser atendido, mirado, apreciado?

Mereces un amor con el que puedas negociar, que te pueda acompañar sin juicios y en equilibrio.

Mereces ese amor que, al verte a los ojos, vea quién en realidad eres, no quien quiere que seas.

Mereces un amor en donde el dar y recibir sea en equilibrio, en donde la donación sea mutua.

Mereces un amor en donde seas escuchado y tu palabra cuente, sin ser consecuente.

Mereces un amor que sea una caricia y un deleite, en donde el intercambio de dulzura te refresque

Mereces un amor en donde no sea uno solo el que acepte, sino que los dos intercambien, porque, si te amas lo suficiente y se ama lo suficiente, puedes estar en la completitud que ambas partes merecen.

Por favor… no me idealices

Por favor, no me idealices; puedo cometer errores y no tengo todo resuelto.

Estoy en la eterna lucha entre el estar estática o cambiar de fondo.

Me puedo enojar y después rectificar, y sí, como todos, todavía me engancho… Eso sí, poco menos cada día que pasa.

Sigo tratando de ser positiva aun en un mundo en su mayoría pesimista, sin embargo, la desesperanza muchas veces me quita la cordura.

Como todos, un día me puedo levantar derrotado y sin aliento.

¡Eso sí, lo intento y aprendo!

Toma de mí lo bueno y lo que no te guste déjalo.

No dejes de ver mi sombra… eso me hace más completo y un ser humano como todos.

Camino de la mano con los dos aspectos: lo resuelto y no resuelto.

Lloro y río a veces en el mismo instante, pues de los contrastes muchas veces nace lo relevante.

En ocasiones te daré lo que necesitas y en otros momentos no me será viable.

Introvertido en ocasiones en mi mundo de ideales, o extrovertido si estoy con los iguales.

Yo no te puedo dar a tu padre, a tu madre o el éxito, porque éste sólo se encuentra en tu desarrollo admirable... Mira a dónde has llegado aun sin consultarme.

No me idealices, por favor, no te quedes con el escaparate. Soy mucho más que lo que se mira al instante, soy finito e infinito en este mar de contrastes.

Te quedaste

Muchas veces nos estancamos en la tristeza o en los sentimientos de vacíos por las pérdidas y no podemos mirar a los que se quedan o lo que se queda.

Hoy quiero reconocer todo aquello que está y permanece en el tiempo y cómo es que esta permanencia da fuerza.

Muchas veces, la desconexión desata circunstancias que nos impide mirar lo que permanece en diversas formas, modalidades, colores.

Hoy doy gracias a todo aquello que ha llegado a mi vida para quedarse y tomo la fuerza y amor incondicional de todo aquello que está y estará, casi siempre sin pedir nada a cambio.

Gracias, por estar, permanecer, transcender, por quedarte resistiendo a todos los jalones.

Miraste más allá

Pudiste ver quién soy, no quien esperabas que fuera.

Pudiste entender mi realidad y mi bondad.

Mi pasión carmín que no a todos puedo mostrar, sólo a los que saben apreciar lo que hay dentro de mí.

Miraste más allá y me ayudaste a armar esas piezas claves de mi vida y de mi diario actuar.

Pudiste entender quién soy en realidad, alguien que en este plano no siempre va a embonar.

Me miraste y eso me ayuda a soñar y pensar en lo pleno, en lo que pocos pueden imaginar.

Entendiste mi respiración y mi razón al actuar; entendiste que es mi alma lo que me otorgó el regalo de la conexión.

Compasión

Introducción

La compasión por uno mismo podría ser una nueva forma más evolucionada del amor... como una forma equilibrada de estar con los demás y mirarlos con más dignidad.

La compasión es una forma de ser, es una forma de creer, es no abandonar al otro en ningún padecer, es actuar aun sin ver.

Vivimos en una sociedad en donde tenemos mucho por juzgar, mucho por superar, mucho por perdonar. Cuando miramos más allá de las acciones, de las ausencias, de los golpes, de las ofensas, podemos encontrar un sinnúmero de historias enredadas, no sanadas.

La empatía es ponerse en los zapatos del otro y la compasión es vivir la situación del otro como si fuera propia, no del otro.

Creer en el otro, en la humanidad, en las buenas intenciones, hoy es una necesidad que puede los corazones cambiar.

La compasión se requiere en cada reconciliación humana, así como tratar de entender la historia del otro y no sólo quedarse con la idea propia.

Las relaciones humanas requieren sanar si queremos vivir en una mejor humanidad. Se requiere mirar e incluir al otro a fin de llegar al nosotros.

La compasión implica ver la realidad del otro, la humanidad del otro; es penetrar el corazón del otro para poder percibir el significado de su realidad.

La compasión es mirar al otro en su justa dimensión, al del pasado, al del presente y al del futuro, con ojos de sabiduría, entendimiento y con los ojos del alma y del corazón.

Me puedo equivocar

Me caigo y me levanto una y otra vez. Vivo la vida como un ensayo y error.

Ahí está lo dicho, ahí está lo escrito, y lo puedo cambiar, sólo intento mejorar.

Nuevamente me caigo, y cada vez que me levanto, obtengo una nueva fuerza que puedo aprovechar.

Me puedo sentar solo a pensar que de mil maneras lo puedo arreglar.

Me equivocó una y mil veces hasta el milagro encontrar, ese milagro que está en el fondo del mar.

Mi consciente reacciona y vuelve a aflorar esa trampa que dice: "otra vez estás en el mismo lugar".

Mi mirada en el infinito, que huele a eternidad, busca en las luces la respuesta al final.

Me puedo equivocar de señal, hasta llegar a ese lugar en donde la tierra se encuentra con el cielo y no hay diferencia entre sueño y realidad.

Encontrando miles de respuestas después de tanto preguntar, de tanto responder. Me he equivocado y eso me ha llevado a la sabiduría que todos los intentos me han regalado al actuar.

Me puedo equivocar, esa es la forma de llegar al infinito y más allá, en donde te vuelves un maestro después de tanto intentar.

No te pudiste salvar

Tomaste mis manos... Dijiste gracias por no dejarte morir y no te pudiste salvar.

Invertiste todos tus recursos, creatividad, el alma, en ese proyecto y no lo pudiste salvar.

Pasé toda la noche en vela orando por ti y no te pudiste salvar.

Caminaste caminos viejos, caminos nuevos; te perdiste, te encontraste y no te pudiste salvar.

Miramos lo más profundo del espíritu buscando las respuestas para tu sanación y no te pudiste salvar.

Toda la perseverancia puesta en el tiempo, en el espacio, en el trabajo y no lo pudiste salvar.

El amor hasta la última gota entregaste, impregnando el todo, y no te pudiste salvar.

La culpa, la duda, la tristeza invade todo tu ser y sientes que no puedes respirar.

Hasta que el alma comprenda que a ti no te toca salvar encontrarás la paz y el equilibrio de la sabia humildad.

Crees que todo has perdido, de pronto despiertas y recuerdas que algo queda que nadie te puede quitar: la capacidad de iniciar.

Dedicado a todos y todas las personas que han perdido familiares, pacientes, amigos, proyectos y quizás la fe. A todos y todas los que no se pudieron salvar de un evento no lindo y ya no pudieron continuar.

La compasión es el regalo más grande del amor

Ver el alma de otros y percibir el aroma de su ser, es un dulce para el alma que se otorga al otro, aun sin que la otra parte lo pueda entender.

Es no olvidar las historias, como si fueran un pacto por reparar, aunque de loco o loca te marquen por esa dinámica tratar de sanar.

Es poder ver más allá de la fachada de la máscara, poder comprender la función para lo que es y cómo se puede administrar.

La compasión es una forma de ser, es una forma de creer, es no abandonar al otro en ningún padecer, es actuar aún sin ver, es la obsesión de darlo todo hasta que se logre la transmutación a una vida mejor, a un mundo mejor.

La compasión no se puede quedar sin acción, y mientras menos egoísta, más altruista, siempre y cuando no se pierda la identidad, la propia vida, el propio ser.

Es tratar de entender el motor de cada acción, de esas que no parecen tener explicación.

No es fácil describir lo que es el verdadero amor, ese que entrega el corazón sin juicio, sin razón, porque la intuición, al final, te da la razón.

La compasión está en donde todo acto humano inició con una buena intención, en el lugar en donde dejaron huellas que impiden avanzar en la vida. Lo encuentras en el trasfondo… La verdad siempre está en el fondo.

Una respuesta se encontró. ¿El que roba para qué roba? ¿Qué fue lo que lo movió? ¿El que desprecia, a quién desprecia? ¿Quien golpea, a quién golpea?

De pocos es el arte de la compasión, es un regalo que abarca a todo el ser y no se puede devolver. Es escuchar el grito de las almas que sufren, que han sufrido.

Es mirar el dolor de los que esperan, de los que han sido defraudados una y otra vez.

La compasión es el equilibrio del amor entre uno mismo y los otros. Es la justa ecuación entre lo que das al mundo y lo que el mundo te regresa en el tema del amor a los otros.

Tocó mi alma

El silencio estaba lleno de ausencias y de respuestas.

Era una larga búsqueda en donde no se puede describir el ansia de ser mirado, de ser entendido, de ser amado, de ser rescatado.

La desilusión en cada conversación, en muchas estaciones prohibidas, sin detenerse en la ilusión de encontrar aquel secreto escondido y no por todos percibido.

Un día, cuando ya no se esperaba nada, se recreó el alma en aquel antídoto de amor que devuelve la salud y la esperanza.

Todo se llenó hasta encontrar la calma.

Un alma entre muchas tocó mi alma… esa alma que creí haber perdido en el viaje eterno que sólo transita lo viejo, lo ajeno, lo etéreo.

Tocó mi alma y algo se desmoronó por dentro, con el signo del despertar de los tiempos.

Tocó mi alma y no podía asimilar el gran suceso, ese que comunica el ayer con el ahora, el ahora con el mañana, lo conocido con lo desconocido, el lugar en donde se apagó el fuego, y surgió lo nuevo.

Tocó mi alma y la desprotección, incomprensión e incertidumbre se vinieron abajo como un viejo cimiento al borde de un derrumbe, en donde queda intacto lo eterno, lo profundo, lo verdadero.

Tocó mi alma y volví a nacer en la esperanza de aquello eterno que ayer no llegó, y que hoy llega con una gran recompensa por soportar la indescriptible ansiedad que genera la larga espera.

Te quitaste la vida

¿Qué habrás sentido para adelantar tu viaje?

¿Qué vacíos y emociones guardaste dentro de ti que mataron la esperanza y al abismo al que te entregaste?

¿A quién te fuiste siguiendo?

¿Cuáles fueron tus secretos escondidos?

¿Cuántas guerras perdidas?

¿Cuántos intentos fallidos por salir adelante?

¿Cuántas deudas tuyas y de otros quizás impagables?

¿Qué ideales injustos compraste y te sentiste traicionado, traicionada?

Y hoy me pregunto: ¿yo en dónde estaba cuando tanto amor enterraste?

Te miro desde esa mirada que quizás en vida no te pude dar.

Te admiro en ese acto de falta de esperanza. ¿Quién te acompañaba en tu triste caminar?

Trato de comprender lo que sólo tu alma puede explicar. ¿En dónde estamos como humanidad que a tantos excluimos del amor y de la oportunidad?

¿En dónde estamos que somos incapaces de conectar con esas almas que de la tormenta no pueden escapar?

Me agradeciste

Con una flor me diste todo aquello que el alma encierra.

Tu alma todavía niña sobrepasa la razón y te lleva a una comunicación que traspasa aquello que no se puede ver y soñar.

Me agradeciste, y todavía es la mejor caricia que ha tocado mi alma. Muchos se van, no ven y sólo pocos regresan a agradecer.

En ese regalo que encontraste tirado en el camino me diste tu todo y lo pude comprender.

Mi alma llora de alegría al encontrar en un mínimo gesto la grandeza que nace del agradecer.

¿Cómo es posible que un alma que apenas inició su vida, su gran tesoro preciado regale para corresponder?

El más grande gesto del amor humano en ese toque se puede comprender.

Recibir la gratitud es un gran regalo que la paz al alma te puede devolver.

No puedo describir el gran hallazgo de ver cómo un alma tan joven,
el amor pudo devolver.

Ruego que a todos se nos otorgue el bendito don de agradecer.

De la rigidez a la compasión por uno mismo

Me puedo equivocar, puedo descansar, me puedo enojar, puedo esperar y hasta en momentos postergar para tomar impulso en mi actuar.

Hoy me puedo abrir a nuevas opciones para que, en lugar de regañarme y juzgarme, pueda empezar a motivarme.

¿Me doy permiso de ser feliz? ¿Me doy permiso de pensar en mí?

¿Sería capaz de ponerme primero en más ocasiones? ¿Sería capaz de darme el día para sanar mis heridas?

La compasión es mirar el dolor del otro y sentir casi lo mismo, es querer con toda el alma que el otro salga de su tristeza, que salga de sus problemas.

¿Por pensar en otros has olvidado lo que tú anhelas? ¿Podrías empezar por pensar en ti por lo menos una vez al día?

Ser compasivo con uno mismo no es ser egoísta, es ser realista, es ser congruente, es, de alguna manera, predicar con el ejemplo.

La compasión por uno mismo podría ser una nueva forma más evolucionada del amor... como una forma equilibrada de estar con los demás y mirarlos con más dignidad.

Ser espléndido como forma de vida

Ser espléndido es poner todas las ganas, todo el empeño, en un proyecto, en un anhelo, en un sueño, a pesar de que nadie lo entienda y, en ocasiones, ni tú mismo lo comprendas.

Ser espléndido es dejar atrás las defensas para abrirse a la humildad de la verdad, aunque no nos guste, aunque nos asuste.

Ser espléndido es buscar una mejor vida para ti y para los demás, sin escatimar ningún recurso al respecto, con la certeza de que todos merecemos lo mejor.

Ser espléndido es dar el alma y hasta el cuerpo, en caso de ser necesario. Dar el alma y cuerpo hasta en donde otros no han llegado, ese lugar en donde el aire escapa.

Ser espléndido es aprender a ser uno mismo, una misma, a pesar de que otros esperen otra realidad, otra personalidad.

La vida y la ausencia de oportunidades, muchas veces, nos arranca la capacidad de ser espléndido, pues vivimos situaciones de carencia y alto miedo a la pérdida.

Ser espléndido es vencer la tristeza, levantarte cada día, con o sin esperanza, e intentar, tratar, caminar, hasta la misión de vida lograr.

Si no te lo enseñaron, apréndelo, adóptalo como una filosofía de vida en donde el más fuerte no es otro, sino que puedes ser tú, si te lo propones.

Aprovechen cada minuto, cada instante de la vida, en donde podemos contribuir con cada acción a la magnificencia a la que hoy podríamos estar llamados.

Sé espléndido con tu vida, con cada acto, con cada acción, con cada proyecto, con cada corazón.

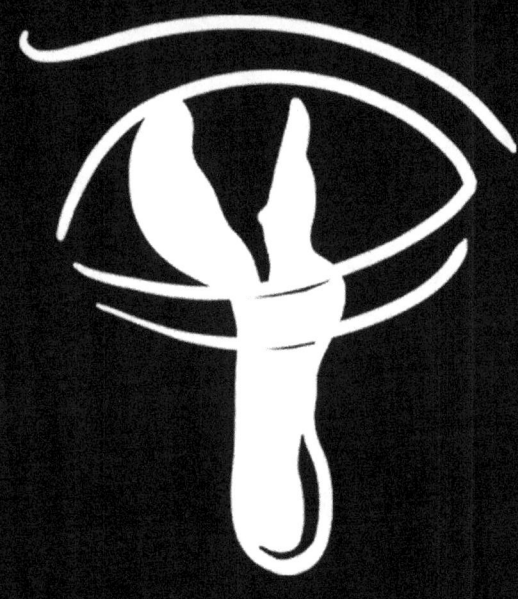

Me declaro humano

Introducción

Integro la combinación perfecta de mis errores y mis aciertos con mis decisiones buenas y malas, porque todas me han hecho crecer, ser, estar, y me han traído al lugar en donde hoy estoy.

Me declaro humano resiliente, empático y vulnerable. Puedo caer y levantarme según sea necesario y desde el suelo mirar al cielo y soñar.

El ser humano es complejo y ésta lleno de dudas y retos, en donde encontrar la propia identidad y el propio sentido de vida puede ser complicado.

Entendernos desde nuestros propios miedos y nuestras propias debilidades, en muchas ocasiones, nos impide mirar nuestras fortalezas, nuestros dones.

Vivimos en un mundo lleno de competencia y dificultades, en donde el ser humano, si se trabaja a sí mismo, puede convertirse en un auténtico diamante.

Muchas veces vivimos bajo las expectativas y demandas de otros, en donde encontrarnos es un reto y una forma de vida.

Integrar todas las partes del rompecabezas que nos complementa como personas es un verdadero privilegio y nos brinda la oportunidad de entendernos como humanos capaces de unir nuestras diferentes piezas.

Nos podemos equivocar, intentar las veces que sea necesario, y aprender de aciertos y desaciertos.

El misterio humano nunca deja de asombrarnos. Nuestra naturaleza es sabia, llena de enigmas por resolver y toda la vida nos alcanza para entendernos y declararnos humanos.

Eres perfecto, eres perfecta

Estás listo, estás lista, así como eres, para aquello que anhelas, para lo que deseas, para aquello por lo que has trabajado, por lo que has soñado.

Tu historia es la correcta, la que necesitabas para tu evolución, para cumplir con tu particular misión.

Las circunstancias son las idóneas para el reto que enfrentas, pues éste te pone en el camino de tu vocación y te arma de valor.

Eres suficiente así como eres en el momento presente, en donde aprendiste a vivir con tus parámetros, no con los de otra gente.

Soy lo que necesito para ser aceptado, para descifrar el mundo de los que se quedan a mi lado y de aquellos a los que aún extraño.

Tu configuración de dones e historia son únicas y sólo tú puedes desarrollarlas en armonía, haciendo un hermoso baile de tu vida.

Tus cualidades son únicas y merecen ser admiradas, pues la combinación particular te hace especial, y ésta representa a muchos que estuvieron y a los que aún no han llegado.

Tienes el equipo completo para alcanzar la visión de tus éxitos. Naciste en la época precisa, con los padres adecuados y el país adecuado para la lección con la que tu alma sabe que trascenderás.

La perfección sí existe, pues la creación existe y está en tu ritmo, en tu esencia, en la creatividad de tu historia resuelta y tu historia por resolver.

Está en el misterio de ayer, hoy y mañana, en donde vives la perfecta armonía del ser y estar, en donde eres perfecto, eres perfecta, dentro de un todo, en donde tu participación hace la diferencia y propone esplendor.

Me reconcilio con mi historia

Me reconcilio con mi historia, aceptando que hay eventos que todavía no he podido asimilar, sanar, perdonar.

Desde el entendimiento de la verdad que todavía no puedo asimilar, ya que es difícil de mirar.

En comunión conmigo, con lo que he tenido que ocultar y en ocasiones callar, hoy me permito parar y reflexionar.

Abrazo de nuevo esas metas que todavía no he podido alcanzar, asimilo el lugar que me tocó en mi familia y en mi sociedad, el que por mis talentos me toca llevar.

Asumo lo vivido y lo no vivido, caminando todavía hacia lo desconocido.

Miro de frente la injusticia y la justicia de mi entorno, dejando de querer cambiar el todo, trabajando en lo poco que hay en mi entorno.

Integro la combinación perfecta de mis errores y mis aciertos con mis decisiones buenas y malas, porque todas me han hecho crecer, ser, estar, y me han traído al lugar en donde hoy estoy.

Escucho los mensajes de mi cuerpo, sano o enfermo, perfecto o imperfecto, que han guardado mis historias buenas o malas, y cada uno de ellos me invita a un punto resolver.

Reconozco las heridas voluntarias o las involuntarias que he sufrido y me hago responsable de llorarlas y sanarlas.

Libero los anhelos de lo que los otros no me pueden dar y asumo el compromiso de lo que voy a encontrar: una canasta llena de transformación espiritual que me dará fuerza para caminar con mayor paz.

Al reconciliarme con mi historia conecto con mi ser superior, me lleno de todo aquello que impulsa el volver a empezar, pues de eso trata la vida, de crear sabiduría al andar.

El dolor callado

Lo callado siempre deja huella en el andar, por no saber como expresarlo.

La sabiduría guardada por no encontrar su eco, en los que lo rodean,

Por no tener lo que no se espera.
Callamos para no herir y en ocasiones por que no nos es permitido sentir, soñar, a la tristeza como consejera asentir.

La escuela de la vida aguarda ya, la experiencia no espera más.

Correr, gritar la esperanza pérdida que en la mente se borra, dejando una célula viva que aún puede respirar.

La soledad te sorprende en este largo estar, en donde pocos aguardan la verdad que cautiva en medio de tanta falsedad.

El dolor callado, bien canalizado es una semilla de amor a ti mismo y si lo integras puede ser incondicional.

Rasga la garganta de tanto callar, de todo aquello, que no se ha podido expresar.

La tos lo expresa, la emoción sobrepasa y de pronto se vuelve inesperada.

Escribe historias, expresa emociones no superadas por que el dolor enferma cuando se guarda.

Rompe el silencio, grita a los cuatro vientos, completa la frase de ese miedo que te invade, para que se vaya fuera de tu casa, para que en tu cuerpo no te sobrepase.

Abusaron de ti

Fue tan fuerte que lo borraste o lo pasaste de liso, como pasar una hoja blanca de un libro que, por estar manchada, quedó perdida. Algo obscuro ocultó, el entero lo guardó y el tema no sanó.

Eras un niño, una niña, y ninguno de tus padres se enteró. ¿En dónde estás, papá? ¿En dónde estás, mamá?

Es difícil asimilar que algo enfermo en ellos los sobrepaso, los perdió, los ató y a ti, la confianza e inocencia este evento te robó y tu vida marcó.

Tu alma se desconectó, se rompió, se perdió, y, al mismo tiempo, esa historia de abuso en tu cuerpo y en tu alma se fijó.

¿Cuánto dolor hay en un acto de violación? Tanto de la víctima, como del agresor, ¿cuánta desconexión? ¿En dónde está el amor?

El pudor se perdió, ¿a dónde está soledad nos llevó? La confianza en el otro se castró, sobre todo cuando uno de los padres este acto ejecutó.

Hoy es tiempo de tu alma volver al cuerpo, de perdonar al otro, de perdonarte, de encontrar el punto medio en medio de tanto dolor, de limpiarte y volver a la conexión de alma y cuerpo que en circunstancias adversas se dividió.

Se requiere que los padres abusivos resuelvan sus historias de generaciones enteras de repetición, en donde el abuso fue una enferma solución.

El abuso tiene muchas caras, desde lo infantil hasta lo sutil. Para el alma poder recuperar y unirla con su cuerpo, es necesario mirar las historias atrás que trajeron esta triste realidad.

Se cae la máscara

Se cae la máscara, esa que me regala mi propia
libertad, que protege mi miedo que
trasmite mi realidad.

Se cae la máscara que me ocultó en el ayer y ayudó
a sobrellevar un mundo diferente
y con mi esencia escondida transitar.

Se cae la máscara de mi vergüenza que me permite
mostrar mi mundo real, que buscaba a todos agradar,
que en mi cuento de hadas llegué a idealizar.

Se cae la máscara que oculta mi verdadero ideal para
poder encajar y los miedos al rechazo poder soltar,
junto con lo que me impide conectar con la realidad.

Se cae la máscara; hoy me puedes mirar
en mis ojos llenos de ilusión, de paz
y de la creatividad que nadie me podrá arrancar.

Se cae la máscara de la eterna realidad, que grita al
mundo que busque su verdad, y en donde me ocultaba que no me sentía digna de las cosas buenas
que, sin darme cuenta, en el pasado dejé pasar.

Me declaro humano

Mi verdadero ser se muestra tímido, expectante,
y ahora está preparado para lo que en realidad es,
para que otros y otras puedan saber
y comprender lo más profundo que se vive
y se esconde en mi ser.

Se cae la máscara y podemos llegar
a la autenticidad, que es un reto
que en la vida misma debemos alcanzar.

Sigo siendo el loco

Me paré ante muchos públicos que pensaban diferente cuando la juventud apenas iniciaba, y creía que este debate en la madurez terminaría.

Sigo el camino de aquellos que piensan diferente, sólo que el público aumentó y hoy no me siento diferente.

Sigo siendo el loco que piensa diferente y no por eso logra callarse ni acobardarse.

La soledad aterrizó en el encierro de mis ideales, mis proyectos poco sostenibles, que me gritaban todo el tiempo: "¡sí son realizables!".

Me encontré con muchos rostros similares en donde el rostro tatuado firmaba: "esto no es viable".

Sigo siendo el loco que trasciende las edades.

Ha pasado largo tiempo y no encuentro patrocinadores. ¿Cómo es que veo más lejos y no puedo regresarme? Las propuestas asustan y no parecen necesarias ni realizables; lo explico y no logro en el alma alcanzarles.

Sigo siendo el loco que invierte sólo en sus ideales.

Los esfuerzos consumen, el dinero se agota, mas el impulso de ser cosas grandes no para y me acota.

Sigo siendo el loco que invierte en sus imágenes, sin importar quién entienda sus realidades.

Camino en esta vida y predico verdades, quien las entienda puede crear nuevas oportunidades, pues, ¿quién no se sintió loco ante un mundo de espejos y contrastes?

Sigo siendo el loco de las historias que cambian, transforman, sanan y todos los días crean nuevas oportunidades.

Bendita locura que me ha llevado a realidades jamás imaginables.

Me declaro humano

Me declaro humano resiliente, empático y vulnerable. Puedo caer y levantarme según sea necesario y desde el suelo mirar al cielo y soñar.

Me declaro humano capaz de sentir el dolor más profundo en la presencia de mi completa soledad al mirar la muerte en el aire, enfrentando mi finitud y la de los demás.

Lo que no me permito es el no trascender a las circunstancias para aprender y crecer.

¿Qué debería permanecer en mí para esta nueva vida vivir?

¿Qué necesito liberar en el camino?

¿Qué requiero incluir para tener una vida más plena, santa y satisfactoria?

¿Qué me pide la vida hoy?

¿Qué me pide el amor?

¿En dónde está la compasión?

Me declaro humano, evolucionando, tomando consciencia de mi nuevo yo que mira, vibra, sana y aprende en esta vida... con los ojos siempre puestos en el ser superior.

Abrazo la Justicia

Introducción

Me inclino ante la injusticia callada en tantas generaciones e historias no recordadas.

¿Qué nos pasa como humanidad que no hemos podido trascender las brechas de la injusticia y equidad social?

La justicia empieza con uno mismo. Abrazar la justicia implica reconocer que se ha violentado su equilibrio en la distribución de los bienes personales y sociales.

Abrazar la justicia nos habla de dejar la apatía y reconocer que ésta es un pendiente dentro de la humanidad.

Creo en la justicia como un motor de sanación de la humanidad que debemos educar. ¿Qué requerimos transformar para evolucionar, en lugar de involucionar?

Hay huellas de injusticia que empiezan en la familia y te llevan a generar estructuras de personalidad desequilibradas, polarizadas.

La justicia requiere sus propias medidas en cada circunstancia de la vida.

La justicia es una herida personal y social que se requiere sanar, la justicia es el corazón del alma.

La brecha de la reconciliación

Doy gracias por ser mujer. Me reconcilio con todo aquello que me aleja de estar completa en mi género, en mi esencia, en mi naturaleza.

Me reconcilio con los hombres de mi vida, los del pasado, muy pasado, los del presente, los del futuro.

Me reconcilio con las mujeres de mi pasado, muy pasado, las del presente, las del futuro.

Tejo una bella danza entre lo femenino y lo masculino que vibra y baila dentro de mí, tomando lo más bueno de cada parte.

Tomo mi derecho a tomar mis dos esencias… que conforman mi persona, dejando que lo que me define como mujer predomine.

Abrazo la Justicia

Dejo atrás los abandonos que sufrieron las mujeres y el enojo que cargaron con los hombres y con sus historias.

Dejo atrás mis lealtades con mujeres enojadas y desequilibradas en sus relaciones injustas con los hombres y con las mujeres que sufrieron injusticias.

La brecha de reconciliación es alcanzable, siempre y cuando tomemos de cada parte la mejor de sus partes.

No somos rivales, somos complementos para crear hermosas realidades.

Me reconstruyo, me integro... me acepto, viviendo en cada parte de mi alma y cuerpo, en cada pedazo de mi rompecabezas de vida.

Mi naturaleza femenina abrazo con amor en su totalidad.

La guerra somos todos

¿Con quién tengo rencores que todavía rebasan mi ser?

¿A quién no he perdonado? ¿De qué no me he perdonado?

¿He sido injusto con alguien?

¿He sido injusto conmigo mismo, conmigo misma?

¿Estoy ante situaciones de conflicto constantemente? ¿Qué memorias de guerra nos siguen afectando?

Me inclino ante la injusticia callada en tantas generaciones e historias no recordadas. ¿Quién mira a los huérfanos de las guerras internas y externas? ¿Quién mide las repeticiones de los hombres muertos en las guerras? ¿Cómo nos cobrará la vida tanta pobreza? ¿Cuál es la parte de la historia que todavía nos enfrenta a no ponernos de acuerdo en las necesidades?

¿Cuál es mi propia guerra interna? ¿A qué personas, a qué familiares, no he logrado perdonar, integrar? ¿Qué historias no he logrado traspasar?

Miro las memorias de guerra que hay en mí y reconozco las fuerzas contrarias que pelean dentro mí, que se enfrentan, que se molestan, pues después de tantas generaciones, víctimas y victimarios viven en mí.

La guerra somos todos mientras nuestros duelos internos no sean solucionados, mientras las injusticias no sean resueltas a fondo.

La guerra somos todos. Si no reconocemos el bien en el otro y no trabajamos por cada día ser más justos.

La guerra somos todos mientras nuestras propias sombras no veamos.

La guerra somos todos mientras por la paz no trabajemos y la paz no construyamos.

Elegiste la mejor parte

Elegiste la mejor parte,
el camino espiritual.

El camino menos conocido,
el más vulnerable.

La profesión menos esperada,
la verdad olvidada.

Elegiste la mejor parte,
las personas olvidadas,
las más desesperadas.

Presión no calculada,
la marca no cotizada.

Elegiste la mejor parte,
la soledad callada,
el amor no expresado
y la sabiduría escondida
en un grano de mostaza.

Elegiste la mejor parte,
esa que sorprende
como una batalla no ganada.

Elegiste la mejor parte,
el verdadero misterio,
ese que no se ve a primera vista,
ese que no sale al encuentro.

Elegiste la mejor parte y la consecuencia,
el infinito en experiencia acumulada,
tierra trabajada, miradas sanadas.

México, no renueves tu esperanza

La fecha venció, la tierra gritó: "México, ya no creas en quien te mintió, en quien te estafó, en quien con negligencias te mató".

Los niños mueren y los jóvenes están envueltos en un no sé qué hacer, perdidos en las fiestas y en carcajadas que resuenan de tanto escapar.

Seguimos viviendo en la opresión, no importa cuántos la vida entregaron ni los que han trabajado por un país mejor.

No aceptes más mentiras de la gente que no admiras.

Somos un país abundante para los rufianes; nos siguen robando con distintos planes y con liderazgos pragmáticos que no miran al ser humano, sino a las siguientes elecciones.

El enojo, hoy despierto de tantas revoluciones que sólo a los poderosos han beneficiado; se debe canalizar en proyectos y acciones orientadas al equilibrio social.

¿Cuándo dejarás los patrones de injustica disfrazados de nuevas oportunidades?

Somos un país partido en tantos salvadores que nos polarizan y minimizan las oportunidades.

¡México, despierta y convierte tu apatía en una nación que vibre en nueva sintonía, con visión de futuro e innovación!

Ya basta de tanta esperanza; el engaño ha sido nuestra crianza. Es tiempo de dudar, de evaluar, de dejar la añoranza.

Merecemos líderes reales que construyan con todos la bonanza, en donde la voz y los talentos de los mexicanos realmente sean aprovechados.

La justicia empieza en la familia

Hoy, hablar de justicia puede generar enojo o dar risa porque es una herida social consciente y ampliamente inconsciente, una necesidad real, y más en un país como el nuestro. Sigmund Freud explica que el primer requisito de la civilización es el de la justicia, y si en la familia se aprenden los valores, como la hermandad, podemos entender que son un cimiento básico de la convivencia social.

En México y en el mundo hemos sufrido varios eventos de corrupción, de autoritarismo y de ineficiencia en las tres órdenes de gobierno. Muchas veces no nos explicamos cómo es que el ser humano se haya desconectado tanto para ir más allá de los límites de disposición de los bienes del Estado y permitir la pobreza extrema que agobia a nuestro mundo.

Una definición de justicia es un conjunto de valores esenciales sobre los cuales debe basarse una sociedad y el Estado. Estos valores son el respeto, la equidad, la igualdad y la libertad.

Esto me lleva a la reflexión: ¿qué hay dentro del corazón y alma de aquellos que la vida les ha dado el privilegio de administrar los bienes de todos y toman sólo para ellos? ¿Qué hay dentro de la psique de aquellos que sólo trabajan para la inmediatez y no para soluciones efectivas a largo plazo?

Tratando de encontrar respuestas encontré que las primeras heridas del alma se desarrollan en la familia, en diferentes circunstancias. Charles Dickens escribió que la caridad empieza en casa y la justicia empieza al lado.

Cuando a los hijos no son tratados por igual y se guardan resentimientos y una alta necesidad de ser mirados, inconscientemente buscarán ser mirados por otros. Y esta mirada no será suficiente porque lo que buscan de fondo es la mirada y aceptación de los padres.

Ocupar el lugar de uno de los padres o ser sobreprotegido lleva, muchas veces, a no saber qué lugar ocupamos en la vida, y sin esa consciencia no podemos decir no y podemos aceptar un soborno o buscar, sin darnos cuenta, un buen lugar afuera, cuando en realidad el buen lugar está adentro.

En los casos en que los hijos presencian las peleas de los padres y los ponen de mensajeros en las discusiones, la persona aprende la necesidad de ocupar un lugar que no le corresponde y asume actitudes de víctima; no se desarrolla la solidaridad.

Si la mujer que ha tenido que salir a trabajar no puede completar el vínculo afectivo con los hijos, esto después se puede ver reflejado en la dificultad en los vínculos afectivos y en la dificultad de conectar con el otro.

Hoy, en la familia no siempre se educa en lo espiritual. Se requiere desarrollar la concepción del ser superior, lo que lleva a limitar el mal hecho, o la ausencia del bien hecho, por comprender que se pone en peligro el destino trascendente. El que cree en un ser superior mira la construcción de un mundo justo y le importa el bien común.

La congruencia, los valores sociales, el trabajo en equipo y el considerar al otro se aprende en casa. Todos aquellos sanadores que hayan tenido ancestros con pérdidas injustas están más obligados a trabajar por la justicia de forma consciente, en lugar de seguir en la misma historia de pérdida o esclavitud.

Es momento de ser contundentes en la fe y reconocer que no es casualidad haber nacido en el país que nos tocó… Lleno de tanta desigualdad, retrasos, desilusión.

Es aceptar la vocación histórica que marca las circunstancias en que a cada uno nos toca vivir.

Es tiempo de llenar el corazón de sed de justicia para cruzar umbrales de heroísmo, para llegar a una civilización en donde reina el bien, gritando con nuestras vidas y ejemplos que la justicia sí existe y empieza en la familia.

Tuve que sacar la espada

Me la dieron por si un día tenía que usarla. La construí de los recuerdos que en la infancia me influyeron.

Tuve que defenderme en un mundo en donde el más fuerte es al que se mira, y no es una excusa, sólo mira a tu alrededor cómo es que la ley del más fuerte aún predomina.

El poder no es mi facilidad y la lucha quisiera evitar, mas, si lo requiero, cortaré lo que se tenga que cortar.

Tuve que sacar mi espada y defender mis derechos, creencias, verdad y equilibrio en el actuar.

Tuve que sacar la espada y pagar el precio de ante muchos ser visto como el malévolo que hace justicia en donde otros no están de acuerdo.

Ser el malo, la mala, de la película muchas veces es el precio por hacer justicia, aunque ésta sea de los hombres el mayor anhelo.

La justicia es un derecho, hay que ejercerlo y, si es necesario, la vida dar por ello. La vida no se otorga sólo con la muerte, sino con la entrega y la decisión constante.

La vida premia a los justos; ese es mi mayor deseo, esperando llegar a un mundo en donde la justicia reine, en donde sacar la espada no sea necesario y la rivalidad, la honestidad y el equilibrio nos dirijan en todos los sentidos.

Las leyes enferman

¿Cuánto daño han hecho y siguen haciendo las leyes injustas?

Las leyes injustas crean sociedades enfermas, personas enfermas, realidades enfermas.

¿Qué nos pasa como humanidad que no hemos podido trascender las brechas de la injusticia y la equidad social?

El poder y los intereses ideológicos de un grupo pueden poner los propios intereses y verdades como reglas del juego, injustas y liberales.

La pobreza del exterior habla de la pobreza interior… ¿En dónde está el corazón de aquellos que realizan y defienden las leyes ya sin convicción?

Las leyes pueden realizar cambios estructurales y más rápidos. También se podría sanar con la ley, sin embargo, hay que sanar los corazones antes.

Sanar los prejuicios, sanar el rencor, sanar la avaricia, sanar la sed de venganza, sanar el equilibrio en las familias, sanar la envidia, equilibrar los dones.

La ley justa está en los corazones. Se requiere educar en la justicia, no ser sobreexigentes o demasiado permisivos.

Las leyes justas pueden hacer la diferencia, dejando la conveniencia de la manipulación de las masas, de los sentimientos de superioridad y desconfianza.

Las leyes requieren recoger la realidad, las verdaderas necesidades sociales y las condiciones de desarrollo y grandeza rediseñar, orientando a la salud personal y mental.

¿Eres congruente contigo mismo, contigo misma?

¿Qué tan dispuesto estarías a dar la vida por un sueño o por lo que tú crees?

¿Eres capaz de pagar precios por vivir tus ideales? ¿Hasta dónde te has permitido arriesgar por vivir conforme a tus creencias?

¿Podrías llegar a perder todo por alcanzar aquello en lo que crees o consideras que es justo?

¿Qué tan grande es tu capacidad de soportar la crítica por hacer cosas que no están en los estándares de la moda o reglas actuales? ¿Hasta qué grado puedes superar la culpa por vivir diferente a lo que se espera de ti?

Seguramente alguna de las anteriores respuestas fue difícil de contestar. En caso de contestar sí a más de estas reflexiones, entonces estás en la esfera de una vida congruente.

Si contestaste que no a más de una de las preguntas es momento de reflexionar qué tan cerca estás de vivir conforme crees, conforme esperas, conforme sueñas, y analizar cuáles son los principios rectores de tu vida.

Hoy, ante sociedades ambivalentes y sobreexigentes en la forma de vivir, es importante valorar qué tan cerca estamos de lo que nosotros queremos y de lo que la sociedad y nuestro entorno nos pide.

Todos somos líderes en diferentes ámbitos de nuestra existencia, como padres, como maestros, como profesionistas... y más aún cómo líderes de nuestra propia vida.

Hoy se requieren personas que sean capaces de vivir conforme a su verdad; no es suficiente tener buenas intenciones, sino que se requiere tener la capacidad de llevarlo cabo aun con la presión personal, social, familiar y laboral.

La vida se vive sólo una vez y es necesario preguntarnos cada día si vamos por el camino que proyectamos, que soñamos, que anhelamos. Ser congruente es:

- Atreverse a vivir conforme a los propios valores.
- Atreverse a vivir conforme a lo que se piensa.

- Perseverar en los sueños, a pesar de lo que otros piensen.

- Caminar hasta llegar al lugar que te estás planteando.

- Vivir conforme a los propios dones y no vivir de los dones de otros o de lo que están de moda.

- Pagar el precio y perseverar hasta vivir la vida que requiere tu esencia.

La congruencia es salud porque la congruencia es verdad. Tenemos inteligencia y voluntad que nos pone por encima de la raza animal. Es una decisión personal el aceptar vivir conforme a lo que soy y lo que espero de mí mismo, de mí misma.

Hoy se requieren personas que vivan conforme a su verdad, congruentes consigo mismas, y que ocupen el lugar que les corresponde en la vida y enseñen a las generaciones presentes y futuras con su ejemplo de vida. ¿Acaso vives tu vida conforme a lo que esperas y quieres?

Resiste como la flor de loto

Sé como una flor de loto, que no pierde su color a pesar de lo sucio y podrido a su alrededor.

La flor de loto florece a pesar de sus raíces podridas, como una sociedad que parece perdida.

La flor de loto conserva su olor en medio de la suciedad que existe en el pantano, que es su misma casa, el que la pone a prueba de todo dolor.

La flor de loto limpia todo a su alrededor por un bien mayor; está en su naturaleza ser una sanadora.

Si logramos corazones que puedan actuar diferente en medio de culturas orientadas a la muerte podremos, esperar un mundo mejor.

La esperanza y ejemplo que la flor de loto a la humanidad, es una actitud que día a día podemos adoptar.

La esperanza en mejores corazones en los seres humanos forjar, en donde se amen a sí mismos y aprendan, en equilibrio, a dar y esperar.

Cuando las circunstancias te superen y ya no creas en la sociedad, observa que el pantano se puede superar y que en medio de lo obscuro el bien se puede construir.

Por fin soy mi prioridad

Mucho me ha costado llegar aquí… Años de desidia hasta lograr seguirme a mí.

Las responsabilidades diarias me impedían llegar, pero hoy las suelto y logro ser mi propia oportunidad.

Soltar no es abandonar, es organizar para que mis objetivos logren en primer lugar estar.

Mis sueños del cajón saco, los convierto en obsesión y salgo de la inercia de la culpa y el dolor.

Camino cansado y con dolor… con dudas y prejuicios, pero aun así voy.

Despierto, me siento, me miro y me digo: "vale la pena seguir. Lo hago por mí y luego te comparto a ti".

A los otros los amo, sin embargo, me amo más a mí y dejo de perderme en los anhelos y predicciones que otros y otras hicieron para mi existir.

Nunca es tarde para el que quiere vivir de sueños alcanzados y dibujados en dones, coincidencias y mensajes del diario seguir.

Esta intuición constante la utilizo para escribir día a día una línea en donde soy mi prioridad. Pertenezco y permanezco aquí.

www.ingramcontent.com/pod-product-compliance
Lightning Source LLC
Chambersburg PA
CBHW071659090426
42738CB00009B/1596